缔造共和

孙中山的足迹

主编　沈先金

南京出版传媒集团
南京出版社

图书在版编目（CIP）数据

缔造共和：孙中山的足迹 / 沈先金主编 . -- 南京：南京出版社，2021.4

ISBN 978-7-5533-3214-7

Ⅰ . ①缔… Ⅱ . ①沈… Ⅲ . ①孙中山（1866-1925）—传记 Ⅳ . ① K827=6

中国版本图书馆 CIP 数据核字（2021）第 045765 号

书　　名　缔造共和：孙中山的足迹
主　　编　沈先金
出版发行　南京出版传媒集团
　　　　　　南　京　出　版　社
　　社址：南京市太平门街53号　　　　邮编：210016
　　网址：http://www.njcbs.cn　　　　电子信箱：njcbs1988@163.com
　　联系电话：025-83283893、83283864（营销）　025-83112257（编务）

出 版 人　项晓宁
出 品 人　卢海鸣
策　　划　卢海鸣
责任编辑　卢海鸣　管伟伟
装帧设计　王　俊　赵海玥
责任印制　杨福彬

排　　版　南京新华丰制版有限公司
印　　刷　江苏凤凰通达印刷有限公司
开　　本　787毫米×1092毫米　1/16
印　　张　14.25
字　　数　160千
版　　次　2021年4月第1版
印　　次　2021年4月第1次印刷
书　　号　ISBN 978-7-5533-3214-7
定　　价　58.00元

用微信或京东
APP扫码购书

用淘宝APP
扫码购书

编委会

目 录

孙中山先生是伟大的民族英雄、伟大的爱国主义者、中国民主革命的伟大先驱，一生以革命为己任，立志救国救民，为中华民族作出了彪炳史册的贡献。

——习近平：《在纪念孙中山先生诞辰 150 周年大会上的讲话》

序　言

2021年是辛亥革命爆发110周年。

一个多世纪前，孙中山先生为了中华民族的独立、民主和富强，以近40年艰苦卓绝的革命活动，在广阔的时空舞台上演绎了历史的绝响，给时代留下了自己鲜明的印记。中山先生的足迹遍及大江南北，他的活动划过四海寰宇，海内海外都留有他不知疲倦的身影。

2005年，我们在海内外组稿，出版了《孙中山的足迹》一书。为了缅怀中山先生的光辉业绩，追忆中山先生的伟大品格，值此辛亥革命爆发110周年之际，我们将此书再版。这部书稿以中山先生的诞生之地广东翠亨为起点，以奉安之地南京紫金山为终点，通过深情、亲切的笔触，追寻中山先生的一生。从图文并茂的书中，我们可以看到孙中山先生推翻帝制、建立共和、讨袁护法、联俄联共的光辉业绩；可以看到中山先生屡遭险阻、不屈不挠、愈挫愈勇的顽强精神以及考察实业、殚精竭虑、闭门著述、勾画蓝图的宏大气魄；还可以看到他反对分裂、维护统一的坚定决心……早日实现祖国统一大业，一直是孙中山先生坚持不懈的追求。

百年既往，万象更新。振兴中华、统一祖国仍然是我们的目标和追求。让我们沿着孙中山先生的足迹，更好地继承和发扬孙中山先生的爱国主义精神，建设更加富强、美丽的中国！

一、诞生翠亨——香山

17 岁时的孙中山

百年春秋，沧桑巨变。百年中国，风云际会。近代中国的仁人志士为了国家的独立和民族的富强贡献了毕生的心血和精力，值得后人永远地缅怀和纪念。为了深切缅怀伟大的民主革命先行者孙中山先生，我们再次重温中山先生的光辉业绩。从香山，我们开始对中山先生之足迹进行追寻。

翠亨村全景

孙中山全家福。前排中坐者为孙中山的母亲杨太夫人。前排左起：子孙科、次女孙婉、长女孙娫；后排左四为兄孙眉，左六为夫人卢慕贞

孙中山的故乡——香山，南粤的一座美丽小城，东望香港、深圳，南邻珠海、澳门，北邻广州，古以“地多神仙花”而得名“香山”。1925年，为纪念一代伟人孙中山而更名“中山”。古老山村的青山秀水，留下了少年孙中山的勤劳、勇敢、智慧与敢于诘难旧礼教、旧传统的求索精神。

1866年的中国已处于清朝统治的末期，这也是中国两千多年封建帝制的末期。这年的11月12日（清同治五年十月初六），孙中山诞生于广东香山县（今中山市）翠亨村一个贫苦农民的家庭。父亲孙达成（1813—1888）勤劳敦厚，因为家贫，16岁时曾只身到澳门做过鞋

匠，每月工资仅有4元。32岁才返回翠亨村成家，此后一直居乡从事农业劳动。由于没有自耕地，只得租种村上的两亩半田，同时兼作更夫，每年多挣几石谷子养家糊口。一年到头，全家以番薯糊口，勉强维持生活。母亲杨氏（1828—1910）勤俭善良，艰苦持家。哥哥孙眉，比孙中山大12岁；姐姐孙妙茜，比孙中山大3岁；还有一个比孙中山小4岁的妹妹，叫孙秋绮。按家中排行孙中山是老五，他还有一个哥哥、一个姐姐，都在他还没有出生之前就去世了。

孙中山虽然诞生于苦难的中国，出身于平凡的家庭，但他的童年却不平凡，在反叛的童年事迹中，已隐隐显示出世纪伟人的不平凡性格。

孙中山幼名帝象，从小就勤劳好学，善问多思。他5岁就跟着姐姐妙茜外出挖猪菜，上山割草打柴。他看到农民辛勤种出的稻谷时，深感疑惑："村上种稻谷的人为什么吃不上米饭，只吃白薯？不种地的人为什么天天有米饭吃？"孙中山7岁时，还替人家放牛，换取用牛给自家犁田的工价。他还经常帮助父母做一些农活。在日常劳动中，他的身体锻炼得很结实。

1871年，大哥孙眉（1854—1915）忍受不了贫穷和被剥削之苦，要去檀香山当华工。临别时向孙中山承诺挣到钱给他买好吃的东西，而孙中山却提出"我真想穿鞋！我要一双鞋"的愿望。这位出生在鞋匠家庭的孩子，贫穷得连一双鞋子都穿不起。

孙中山在少年时代就觉察和反对许多不合理的现象，女子缠足是其中之一。孙中山见姐姐妙茜被强制缠足，日间不能行走，夜间疼痛得不能入睡，要求母亲给姐姐放足，并和维护旧观念的母亲进行了一场辩论，他反对“大脚丫头嫁不出去”“二寸金莲受人称赞”的封建传统观念。他认为凡是不合理的事，就应该反对，应该改变。

孙中山的哥哥孙眉通过在檀香山的几年创业，办起了农牧场，开起了杂货铺，经常寄钱回去，孙家的手头也开始宽裕了。9岁的孙中山被送到冯氏宗祠塾馆读书，开始接受初级传统文化教育。这时他正式取名孙文，号日新（20岁时改号逸仙）。

当时，太平天国农民运动虽已失败了10余年，但太平军英勇战斗的事迹却深深地印在翠亨人民的心中。村上有位曾参加过太平军

冯氏宗祠，孙中山曾在此接受启蒙教育

的老人冯观爽，孩子们都崇敬他，叫他冯阿公，他常常在村前大榕树下，向孩子们讲述太平军的故事。孙中山最爱听这些故事，他敬慕洪秀全，称天王是英雄，并自称“洪秀全第二”。

孙中山多次目睹清朝官员、兵勇和水盗等到村上骚扰掠夺，在村中明敲暗盗，因此对清政府和盗贼十分痛恨。他常愤慨地说：“要像洪天王那样，灭了他们就好咯！”他听说在不远的石门坑有人办了武馆，常有拳师教武，就和小伙伴陆皓东、杨帝贺等几个好友去学武。孙中山练武勤奋刻苦，十分用功，跟外公到海边挖蚝时，他也要在礁石上练几路拳脚，所以小朋友们称他为“齐天大圣”“孙悟空”。

孙中山常常思念哥哥孙眉，更想看看人称“遍地黄金”的檀香山。1879年6月，终于等到了出外“开眼界”的机会。13岁的孙中山随母亲第一次漂洋过海，前往檀香山。在檀香山，孙中山不仅读书有成，学识大增，还阅读了拿破仑、华盛顿、林肯等人的传记和许多国外革命的书籍，增长了见识，开阔了视野。

孙中山墨迹

北极殿

1883年，孙中山回到离别5年的家乡。他看到美丽的山村未变，村上的人还是那么贫穷落后，感到要改变的事情太多了。孙中山在同乡的半年中，联合许多同学和朋友，为村上筑了一条道路，增设了几盏路灯，受到村民的赞扬。他还常和陆皓东等朋友谈自己的改良理想。

翠亨村有个北极殿，殿里供奉着北帝君和金花娘娘的神像。每逢过年过节，大办法会，香烟缭绕，百姓们求神保佑，希望能“消灾降福”。豪绅们趁机大肆宣扬封建神权，搜刮钱财，欺骗百姓。孙中山对这北极殿愚昧骗人的迷信活动非常气愤，他和陆皓东等以毁坏偶像来破除迷信。他们进入北极殿，跳上供台，打断北帝君的手臂，扯光他的鬓须，还把金花娘娘的脸用刀刻成大花脸。这一举动，在翠亨村引起了轩然大波，被惊呆的豪绅要惩办孙中山和陆皓东等人。1883年，孙中山被迫第二次离开了父母和家乡。

在翠亨村度过童年时光的孙中山立志要改变国家的落后面貌，使国家能够强大起来，不受外人的欺侮。同时也决心改变腐朽的旧社会，打倒贪官污吏，使人民能安居乐业。这时，他为了实现自己的人生理想，已在心灵里孕育了伟大的抱负。香山也因此成为孙中山伟大一生的起点。

翠亨孙中山故居

翠亨孙中山故居是1892年春由孙中山亲自设计，以长兄孙眉从檀香山汇来的960两白银，请香山县下栅乡长福号建筑商建成的。

孙中山故居由前院、主体建筑和后院三部分组成，占地500平方米，建筑面积340平方米。主体建筑是一座融合了中、西式建筑特点的两层楼房。门口挂着一副对联：一椽得所，五桂安居。这是新宅落成后孙中山亲自撰写的。孙中山设计的这所住宅，独具匠心，别有风格。它的特点是：

一、外表仿照西方建筑，楼房正面上下各有七个装饰性的拱门，屋檐正中饰有花环，花环下面雕绘一只口衔铁环的飞鹰。楼房内部采用中国传统的建筑形式，中间是正厅，左右两个耳房。四壁

翠亨孙中山故居

砖墙粉刷成砖灰色，然后再用石灰勾出白色砖缝，显得工整悦目。

二、窗户开在正梁下面。整幢房子窗户对着窗户，形成一条条通风道。在炎炎夏日，只要将各窗户打开，习习清风便可穿堂而过，十分凉爽。楼上楼下均有走廊，左旋右转都能回到原来的起步点。东西南北都有门户通向街外。

三、当时，全村房屋都是坐西朝东，唯独故居坐东朝西。据说有一些迷信的人，见到正门朝西一摇头，见到窗户开在正梁下二

翠亨孙中山故居客厅

翠亨孙中山故居卧室

1912 年 5 月，孙中山在翠亨村故居门前与家人合影

摇头，见到故居内两边走廊相连三摇头，说："四通八达，不吉利啊！"孙中山听了说："空气流通，精神愉快，就是吉利嘛。"

故居正厅是会客室，两旁有桌椅，两壁挂着孙中山父母像。

正厅北边的房间，是孙中山的卧室，除一张大木床和瓦枕外，还有孙中山先生原配卢夫人陪嫁的梳妆台以及四张杉木做的椅子。孙中山当过两任大总统、两任大元帅，在故居却未购置过一点家业。他一生仅留下几千本书和一些衣物。1912年，他推翻清政府，任临时大总统，辞职后，于当年5月27日回到阔别17年的故乡，访问了5个村庄的乡亲，并发表演说，三天后，他辞别乡亲北上，以后冉也没有回来过。

故居二楼南边的房子，是孙中山的书房。他起初想用科学方法救人而学医，曾在这里义务为人治病。后见国家衰落，又在此上书李鸿章，和好友陆皓东商讨起义反清等事宜。

孙中山建屋时留有前院，三面筑灰土围墙。1883年，孙中山亲手植酸子树于前院南边，它历经百年风雨，如今仍很茂盛。

翠亨孙中山故居是全国重点文物保护单位。现在，除了故居，翠亨村仍保留着很多孙中山早年活动的遗迹。如他劳作的金槟榔山、玩耍的兰溪、接受启蒙教育的冯氏宗祠以及反对封建迷信活动

翠亨孙中山纪念馆

的北极殿遗址等。它们和那座赭红色的小楼一起，展示了孙中山成长初期的社会背景和生活环境。

在翠亨孙中山故居旁，新建了孙中山纪念馆。这里每天都要接待数以千百计的参观者，他们中有党和国家领导人，也有普通老百姓，有外国首脑，也有各国友好人士。很多人题字留言，表达对孙中山先生的崇敬之情。

二、走向世界——澳门

澳门大三巴牌坊

澳门是一座历史悠久的城市，是中国最早接触西方文化的港口之一。在澳门的土地上，保存了许多历史遗迹，珍贵的文物建筑星罗棋布。伟大的爱国者、民主革命先行者孙中山先生和他的家庭与它有着密切的关系。

澳门是孙中山走向世界的门户，也是他革命生涯中的一个重要基地。

19 世纪 80 年代的澳门妈阁庙

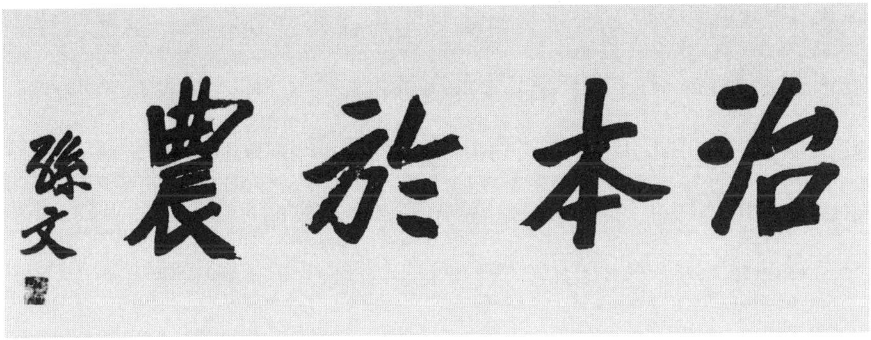

孙中山墨迹

孙中山13岁时随母亲离开翠亨村，经澳门前往檀香山。孙中山见到的第一个城市就是澳门，第一次接触到西方文化也是在澳门。“始见轮舟之奇，沧海之阔，自是有慕西学之心，穷天地之想。”由澳门至檀香山的首次出国使他大开眼界，也给他幼小的心灵留下了深刻的印象。

腐朽的清政府利用封建迷信麻醉和控制人民。1883年，孙中山和同学陆皓东等反对封建迷信，捣毁村庙北极殿中的偶像，遭到保守势力的责难，被迫离乡，经澳门到香港读书。当孙中山在澳门内港登上轮船，遥望十字门的海面时，思绪万千，下决心用“科学和民主”唤起民众，拯救多灾多难的祖国。

在香港读书学医期间，孙中山经常在节假日和周末往来于广州、澳门等地，与有救国愿望的朋友一同研究学问，寻求救国真理。1890年，在澳门，孙中山发表了《致郑藻如书》。这封书信是他写给以“通时务”著称的香山籍退职官吏郑藻如的。在信中，孙中山呼吁效法西方，进行社会改革；主张兴办农桑，禁绝鸦片；提倡普及教育，在香山实行后再向各地推广。书信发表在《澳报》上。如今，这封信已成为《孙中山全集》开卷的第一篇文章，它显示出孙中山的民主思想最初是在澳门孕育成长的。

1892年7月，孙中山以“最优异”成绩毕业于香港华人西医书院（现香港大学医学院前身）。同年9月，孙中山在澳门镜湖医院担任义务医生。他是澳门第一位华人西医，也是镜湖医院设立西医的开端。孙中山在澳门行医期间，两次向镜湖医院借款，在草堆街84号开设中西药局，免费供应药品。

镜湖医院

孙中山医术精湛，擅长外科和治疗肺病，再加上医德很好，待人亲切，而且无论门诊或出诊，诊费一律随意而付，因而在当地获得极高的声誉。在澳门行医“不满三月，声名鹊起”“就诊者户限为穿”，以致一些当地人士自发地在《镜海丛报》上两次刊登《春满镜湖》，介绍孙中山在澳门行医的情况。其文告开篇首句即谓：“大国手孙逸仙先生，我华人而业西医者，性情和厚，学识精明，向从英美名师游，洞窥秘奥。”在澳门的行医和施药中体现了孙中山的“博爱”精神和早期的“人道主义”哲学思想。

孙中山在澳门行医一年左右期间，以医术为“入世之媒”，在救治患者疾病的同时，愈益热衷于“医国”的事业。他不畏艰辛地

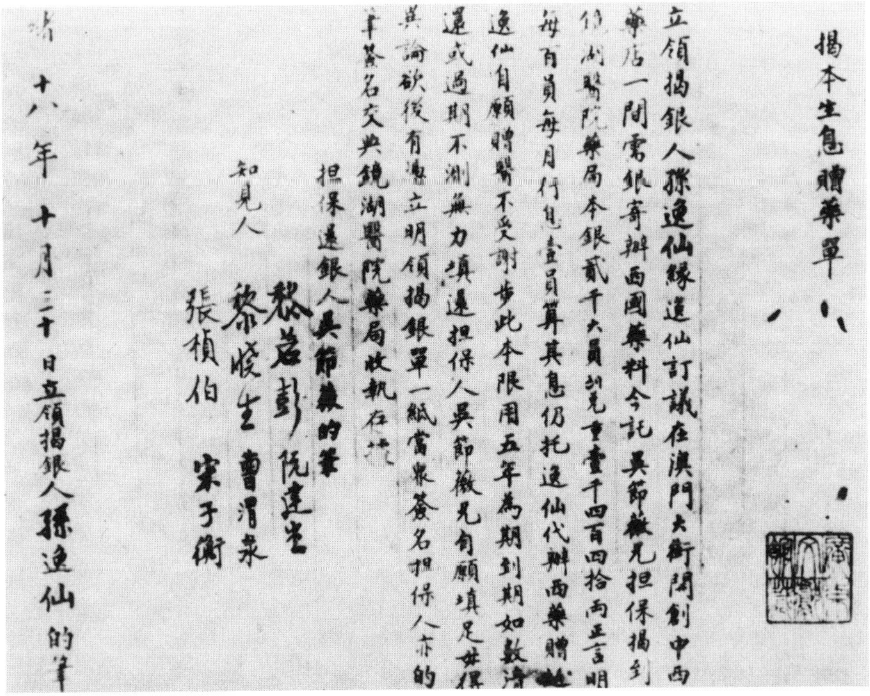
揭本生息贈藥單
立領揭銀人孫逸仙緣逸仙訂議在澳門大街開創中西
藥店一間需銀寄辦西國藥料今託吳節薇兄担保揭到
鏡湖醫院藥局本銀貳千大員訂明重壹千四百四拾両正言明
每百員每月行息壹員算其息仍托逸仙代辦西藥贈
逸仙自願贈醫不受謝步此本限用五年為期到期如數清
還或過期不測無力填還担保人吳節薇兄自願填足毋得
異論欲後有憑立明領揭銀單一紙當衆簽名担保人亦的
筆簽名交與鏡湖醫院藥局收執存據
担保還銀人吳節薇的筆
知見人　黎若彭　阮建堂　黎煥生　曹渭泉　張楨伯　宋子衛
緒十八年十月三十日立領揭銀人孫逸仙的筆

1892 年 12 月，孙中山在澳门开设中西药局行医。这是他筹集资金的借款单据

镜湖医院新日楼

探求救国的真理，积极探求“驱除鞑虏，恢复中华”的途径。

1893年7月18日，孙中山和其在澳门的拥护者费南迪一起创办了《镜海丛报》。《镜海丛报》每周二出版，每期一大张，分中文和葡萄牙文两个版。孙中山是中文版的主笔和编辑。这张报纸经常发表一些针砭时弊的时政文章，抨击清政府的腐败无能，在当时很有影响，曾远销中山、佛山、广州、香港、汉口、上海、福州、厦门以及新加坡、小吕宋、旧金山、葡萄牙等地。这也是中国近代史上最早的进步报纸之一。

由于受到排挤，孙中山于1893年被迫离开澳门。离开澳门后，孙中山前往广州行医，并且在广州进行革命组织的筹备工作。1895年广州起义失败，孙中山受到清政府的通缉。他迅速离开广州，通

1909 年，同盟会澳门分会成立，图为澳门分会旧址——南湾街 41 号

1912 年，孙中山应澳门镜湖医院慈善会负责人卢廉若先生邀请，下榻于卢九花园春草堂，广泛会见澳门各界人士。图为春草堂

过水路到达香山，又在友人和同志们的帮助下，平安抵达澳门。在澳门，他向葡国友人费南迪求助，而费南迪同时也得知清政府通缉孙中山的消息。在费南迪的陪同下，孙中山剪辫换服，男扮女装，乘渡船经香港偕陈少白、郑士良赴日本。从此，孙中山开始了他在海外流亡的革命生涯。

1905年，孙中山领导的同盟会在日本东京成立。同盟会也在澳门成立了分会，租借南湾街41号作为秘密机关，开展革命活动。1912年4月，孙中山辞去了中华民国临时大总统的职务后，出任全国铁路督办，为中国的铁道建设日夜奔走，积极倡导民生主义。5月，孙中山由香港抵达澳门，应镜湖医院慈善会负责人卢廉若先生的邀请，下榻于卢九花园春草堂，广泛会见了澳门各界人士，受到了热烈的欢迎。孙中山在澳门期间，还到镜湖医院探望朋友和同志，欢聚一堂，合影留念。澳门国父纪念馆和镜湖医院至今还珍藏着这些活动的历史图片。

袁世凯窃取辛亥革命的果实后，妄图恢复封建帝制。孙中山看清了袁世凯称帝的野心，从日本回国，策划反对袁世凯的斗争，进行“二次革命”。1913年6月，孙中山由上海赴澳门，同当时的广东都督陈炯明在澳门附近海面的军舰上会晤，商谈讨伐袁世凯。之后孙中山还看望了病危在澳门留医的长女孙娫，此行镜湖医院新日楼是孙中山最后一次访问澳门。

历史上，澳门曾和翠亨村同属香山县。临近翠亨的澳门不但成就了孙中山作为一个伟大革命者的光辉事业，还养育和呵护了孙中山众多的亲友和子女。

孙中山的父亲孙达成，早年曾在澳门学过裁缝，又在板樟堂街的一间鞋店当鞋匠，后来才返回故乡务农。板樟堂街至今还保留着许多鞋店，是澳门鞋店最密集的地方。孙中山的兄长孙眉晚年在澳门定居，在澳门去世后安葬在故乡翠亨村。澳门国父纪念馆的前身，就是孙眉所建。孙中山的原配夫人卢慕贞和女儿长期居住在这里。卢慕贞是一位善良的中国女性，她一生支持孙中山的革命事业。由于孙中山长期在海外从事革命事业，卢夫人承担了孙家的大部分家务，含辛茹苦地养育子女，分担孙中山的忧虑，为孙中山的革命事业操劳了一生，默默地奉献了她的全部精力。

卢夫人于1952年在澳门逝世，原来安葬在澳门旧西洋坟场，1973年被安葬在澳门氹仔岛的孝思坟场。卢夫人安息在苍松翠柏之中，肃穆的墓地和碑文表达了澳门人对孙中山和卢夫人的崇敬和怀念。孙中山的两个女儿及外孙女戴成功都长眠于澳门孝思坟场。

孙中山虽然已经远去，但澳门的大街小巷都留下了他的足迹。南湾的古榕树、草堆街的旧屋、妈阁庙前的港口、大三巴牌坊的石碑……都是历史的见证。孙中山的革命业绩，深深地铭刻在澳门的土地上。孙中山永远活在澳门人民的心中！澳门成就了伟人孙中山，孙中山又为澳门烙上了辉煌的印记。

澳门国父纪念馆

澳门国父纪念馆位于澳门文第士街1号。这里陈列着许多孙中山先生及其家庭的珍贵文物以及丰富的历史图片。通过这些文物和图片，我们可以追溯到19世纪末20世纪初中国历史上发生的重大事件，清晰地看到孙中山一生的丰功伟绩、伟大思想和进行革命的艰难道路。

澳门国父纪念馆是一幢高三层五开间的西式建筑，1918年由孙中山胞兄孙眉留下的一笔钱加上革命党人的捐助兴建的，一度是孙中山原配夫人卢慕贞的寓所。1930年8月13日，澳门兵头花园后方军火

澳门国父纪念馆

贮存库爆炸时，孙府曾被波及，后来重建。重建后的孙府面貌、结构与昔日截然不同，它典雅庄严，外形优美，外围绕以矮墙，左侧辟一小花园。孙中山先生生前喜欢在此休憩。如今里面矗立着一尊孙中山先生的全身铜像，上有“天下为公”4个大字，供游人瞻仰。馆内的装修保持原貌，陈设均为孙中山先生在广州任大元帅时所用的文物家具，以及在澳门行医时所用的物品，另有一些孙中山先生的真迹和生前的珍贵照片，其中包括与革命先烈们的合影。

澳门是孙中山走向世界、认识世界的起点。澳门国父纪念馆成为追寻早年孙中山历史足迹的又一纪念地，是孙中山伟大一生的又一光辉见证。

三、早年求学——夏威夷、香港

孙中山在香港留影

檀香山是孙中山先生青年时代求学和从事革命活动的地方，我们将在这里追寻孙中山先生早年求学的足迹。

檀香山是南太平洋群岛的统称，现在称为夏威夷群岛，由夏威夷（Hawaii）、茂宜（Maui）、欧瓦胡（Oahu）和考艾（Kauai）4个大岛及16个小岛组成。据史料记载，华人来这里创业定居最早是在1789年。孙中山第一次到檀香山的时候，夏威夷还是一个君主制国家，名字是夏威夷王国。1894年7月4日，夏威夷共和国成立，位于欧瓦胡的火奴鲁鲁是首府。此时的夏威夷逐渐成为美国经济、文化、政治的属地，但在经济上主要是依靠中国和日本的侨民经营农工商等产业。1950年正式成为美国的第50个州。

茂宜岛一角之一

茂宜岛一角之二

1879年，13岁的孙中山随母亲杨氏，经澳门乘英轮“格拉诺克”号，远涉重洋，来到夏威夷。从此，孙中山开始接受西方文化的教育。

初到檀香山，孙眉为了让弟弟管好店务，先让他在盘罗河学校补习了几个月的功课。孙中山在短时间内学会了珠算和记账方法，还练得一手好字。他还能初步和当地人用土语对话。孙眉见弟弟进步很快，要他学点生意经，帮助经营，并表示以后给弟弟一部分资产，让弟弟自营，但这些都被孙中山拒绝了。孙中山所想的是继续读书，日后能救国救民。

3个月后，孙中山入英国圣公会史泰利主教创办的意奥兰尼书院读书。这所学校的课程很多，设有圣经、文学、历史、生物、地理、数学等科目，与翠亨塾馆单调的诵读古书有天壤之别。起初，孙中山感到最难的是不懂英语，他除默默地观察外，就是借助手势和同学交谈。由于他勤学苦练，不久就学会了朗读英语，书写英文，成为校内进步最快的学生。在这所学校，孙中山的学名叫“载之”。他在自传里写到自己当时的思想状况是“志窥远大，性慕新奇”。

经过4年的勤学，孙中山以优良成绩毕业。毕业典礼上，他接受了夏威夷国王和王后亲自颁发的奖状和奖品。1882年，孙中山又转到美国教会新办的奥阿厚书院（高级中学）就读一年。孙中山在国外5年的求学中，接受了资本主义的思想教育，萌发了改良祖国的思想。正如他1912年在岭南学堂演讲时所说：“忆吾幼年，从学村塾，仅识之无。不数年得至檀香山，就傅西校，见其教法之善，远胜吾乡。故每课暇，辄与同国同学诸人，相谈衷曲，而改良祖国，拯救同群之愿，于是乎生。”与他同校住读的同学钟工宇在1932年对《纽约太阳报》记者追述道：中山先生在意奥兰尼学校读书时，经常表示敬佩太平天国的民族英雄，并对清政府极为不满。一天晚上，他愤然问道：“何以英美政府和人民相处得这样好，而清朝皇帝可以妄称天子，视百姓为蚁虫？”

孙中山在檀香山接受了5年的西方教育，使他有了浓厚的反对种族歧视、痛恨以强凌弱的意识。他接受了基督教中“平等”“博爱”的思想。更重要的是，从这个时期开始，孙中山萌生了拯救民族、改造中国的雄心大志，产生了推翻清朝统治、建立民主制度的崭新思想。孙中山反对清朝专制统治思想的产生，有广东孙氏家族

意奥兰尼书院

传统的遗传；有珠江三角洲地区反帝、反清斗争此起彼伏，民族救亡意识强烈的环境熏染；更有接受西方教育之后的浸润。从此，孙中山向往民主制度的想法更加清晰起来。

此后，孙中山又多次来到檀香山进行革命活动，其中创建兴中会是影响最大的革命事件。1894年夏，孙中山赴天津上书李鸿章，要求改革，遭到冷遇。这使他坚定地走上民主革命的道路。同年冬，孙中山从上海重返檀香山，联络一些反清的华侨知识青年和小商、小农，组织了中国最早的资产阶级民主革命团体——兴中会。

1894年11月24日，兴中会在何宽家宣告成立，第一批会员24

1894 年 11 月，孙中山在檀香山成立兴中会，图为兴中会会员秘密宣誓的地方

人，孙中山当选为会长，何宽为檀香山分会副会长。在兴中会的会章中，揭露了帝国主义侵略造成瓜分中国的危机，并斥责清朝政府腐败无能。“拯救斯民于水火，切扶大厦之将倾。”兴中会提出了“驱除鞑虏，恢复中国，创立合众政府”的主张。1895年初，孙中山去香港筹备广州起义，并于2月18日在香港成立兴中会总部，对外称“建兴行”，以资掩护。10月29日，广州起义失败，孙中山经香港赴日本。次年春夏之交又到檀香山。檀香山的华侨对孙中山的革命活动，始终给予精神上和物质上的支持，直至1911年辛亥革命成

功。以后，孙中山为革命事业不断奔走，又多次到过檀香山，在檀香山留下了难忘的历史足迹。

* * *

早期的香港地区不仅是近代世界经济活动的热点，也是近代中国革命的重要发祥地之一，更与孙中山的革命事业紧密联系在一起。

1883年至1892年的香江岁月是孙中山成长道路上的一段重要历程。在香港，孙中山入读拔萃书室，其后毕业于中央书院，大学毕业于香港西医书院。

1883年孙中山到香港，继续接受西方近代教育。11月，他进入圣公会主办的拔萃书室（今拔萃书院）就读，同时，他开始随基督教伦敦传道会会长区凤墀研究经史之学。1884年4月，他转入一所著名的中等学校中央书院（皇仁书院的前身）就读。5月7日他回家乡完婚，迎娶父母为他订下的卢氏为妻。不久，重返香港继续他的学业。孙中山先生在中央书院读了两年半之后，先考虑选择陆军或海军作为职业，由于中法战争的影响，少数现代军校不欢迎农村青年入读，福州水师学堂又在战争中被破坏了，孙中山便选择了学医，喜嘉理博士介绍他进入广州博济医院就读。1886年，孙中山考入广州博济医院附设的南华医学堂。过了一年，1887年9月，又转到香港雅丽氏医院附设的西医书院，就读五年制医科学校。那年，孙中山21岁。

广州博济医院南华医学堂旧址

在校期间，孙中山博览群书，知识较广，同学们给他取名“通天晓”。

在西医书院求学5年期间，孙中山常常夜半起床披衣而读，废寝忘食，刻苦钻研医学知识，学习西方国家的政治、军事、历史、地理以及农业等科学知识。

在校学习时，好友关景良邀孙中山到家里玩。关的母亲黎氏对孙中山有所耳闻，见了孙中山，问他：“你志高言大，想做什么官？广东制台吗？”孙中山答：“不是。”“想做钦差吗？”孙中山又答：“不是。”“然则想做皇帝吗？”孙中山还是答：“不

广州博济医院内的孙中山纪念碑

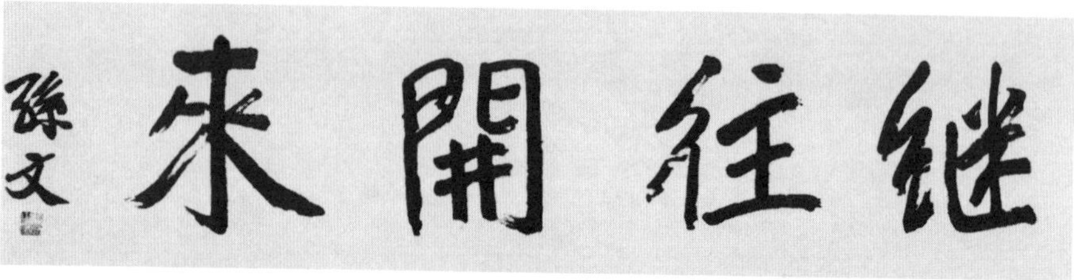

孙中山墨迹

是。”“那你到底想做什么？”孙中山斩钉截铁地回答：“我只想推翻清朝政府，那比当皇上还高、还大。”

1892年7月的毕业总考，孙中山的成绩是最优秀的，在12门学科中，植物学、化学、解剖学、生理学、药物学、病理学、法医学、公众卫生、产科等10门学科都得到荣誉成绩。据西医书院成绩簿记载，这所学校从开办到1913年并入香港大学停止招生为止，共有128人，毕业51人，在统考的12门科目中，获得10门以上荣誉成绩的只有两个人，孙中山就是其中之一；而综合成绩最优异的只有孙中山一人。1892年7月23日，西医书院举行第一届毕业典礼，香港总督罗宾森爵士亲自担任大会主席，孙中山得到了罗宾森爵士颁发的优秀证书，获医科硕士学位。在中文毕业文凭上写着：“香港西医书院，并讲考各员等，为给执照事：照得孙逸仙在本院肄业五年，医学各门，屡经考验，于内外妇婴诸科，俱皆通晓，确堪行世。奉医学局赏给香港西医书院考准权宜行医字样。为此发给执照，以昭信守。”

“以学堂为鼓吹之地，借医术为入世之媒。”孙中山在香港求学共有7年半之久，但孙中山志不在谋求自身生活的安定和幸福，而以救国救民为己任。孙中山因此于大学毕业之后，即决定抛弃其医人生涯，而从事医国事业，并说：“我之革命思想，完全得香港也。”

在香港，孙中山广结义士好友，团结那些在港久居的乡友，或在港滞留、徘徊的同志，交流思想，谈论民情，议论国是。孙中山与至交尤列、陈少白等，每遇假日便到杨鹤龄家的小楼上促膝而谈。孙中山在香港求学期间得到很多良师益友的帮助，尤其是何启、康德黎和伍廷芳，在他一生经历中的重要阶段产生了积极的影响。

1895年，孙中山在广州举兵起义失败后，逃亡至香港。但港英当局为讨好清政府，不允许孙中山在港长居。孙中山被迫辗转到日本，从此，开始了他16年在国外的流亡生活，在海外留下了他奋斗不息的革命足迹。

香港孙中山博物馆

孙中山与香港有着深厚的渊源关系，他在香港接受教育，也在此策动革命。

香港可以说是孙中山革命思想的发源地。他在香港读书由中学到医科，时值中法战争，中国倍受列强欺凌。耳闻目睹中法战争及交涉经过，清廷之昏聩误国，他深感悲愤，毅然走上革命之路。

1895年5月，清政府与日本签订丧权辱国的《马关条约》。孙中山集结同志，在当时香港开市最早的西营盘杏花楼密商进攻广州大计，还起草了兴中会英文对外宣言。兴中会到1895年已有3000多会员，他们计划在重阳节（10月26日）乔装扫墓人，奇袭广州，炸毁两广总督府，口号是“除暴安民”，以红布缠臂作标志，首举义旗，打响广州起义第一炮。孙中山还精心设计缝制好青天白日旗，代替清政府的黄龙旗。起义前一天，由于叛徒告密，从日本运进的600支新式手枪，在海关检查时被搜出没收，由香港去的后续起义队伍，途中受阻推迟到达时间。种种复杂原因导致广州起义失败。1900年，孙中山派陈少白到香港创办《中国日报》，建立总部，发动了惠州起义，继而又同黄兴组织黄冈起义。自1895年广州起义失败至1911年革命成功，孙中山以香港为基地策动的起义先后共有7次之多，香港各界人士都本着爱国及对祖国的关心而热烈支持革命。这些起义虽多告失败，但不断唤醒人们反清的觉悟。

香港现在设有“中山史迹径”，由西区高街伸展到中区德忌笠街，共包括13个史迹点。由于时代变迁，许多建筑物早已改建为商业大厦、住宅单位等，景物面目全非。但其中仍遗留着与孙中山先生革命活动有关的印记：

杨耀记　孙中山先生在西医书院就读期间，与陈少白、杨鹤龄、尤列三人常聚在歌赋街杨鹤龄的祖店“杨耀记”中，大家高谈反清革命，人称“四大寇”。辛亥革命成功后，人们在广州观音山（今越秀山）修文澜阁，孙中山亲自题匾，称之为“四寇楼”，以怀念在香港“杨耀记”商号那段难忘的经历。

“广州之役”指挥中心 德忌笠街20号和记鲜果店三楼是一革命机关，1903年“广州之役”时，这里便是指挥中心。

同盟会旧址 同盟会香港分会于1908年2月成立，设在德辅道中先施公司对门某楼。同年11月迁至德辅道致发号四楼，作为同盟会集会策划革命之地。

招待所遗址 1907年至1908年间，同盟会香港分会策划广东潮州黄冈和惠州起义。为了接应往来香港的革命党人，在圣道、

1887 年，孙中山入香港西医书院（今香港大学医学院）。图为他在香港与友人的合影。前排左起：杨鹤龄、孙中山、陈少白、尤列

革命党人设在普庆坊的招待所

普庆坊、摩理臣山道、湾仔进教围、皇后大道等处设立招待所，作为革命党人居停之地。

摆花街 这里是香港同盟会革命党人制造炸弹和藏匿的地方。黄兴在黄花岗起义受了重伤后，亦匿居于此。

红楼 位于屯门蝴蝶湾，建于清光绪年间。物主李纪堂自1895年加入兴中会后，红楼便成为孙中山先生在香港策动中国革命的活动基地，孙中山先生曾居住在上层。最著名的黄花岗起义及惠州起义等都曾在红楼召开策划会议。红楼门前有三棵棕榈树，传说是黄兴手植，现仍随风招展，似在向游人叙说当年革命的伟绩。

四、革命征程——广州

孙中山就任海陆军大元帅后留影

广东是孙中山的出生地和一生革命活动的主要基地。

在羊城广州，中山路、中山纪念堂、中山大学、中山图书馆……看到最多、听到最多、让人最感亲切的是冠以“中山”二字的地名、单位名称。广州孙中山大元帅府、长洲岛的黄埔军校等地都留下了孙中山为革命奔波不息的身影。

早年，孙中山在澳门、广州等地行医时，就热衷于“医国”事业。1894年建立了革命团体兴中会后，孙中山于翌年策划了广州起义——走向共和的第一步。在领导辛亥革命、推翻封建王朝、建立共和制度后，他为捍卫共和而3次在广州组织革命政府。然而，第一、第二次护法运动均遭失败，尤其是1922年，新军阀陈炯明公开叛变，炮轰当时任非常大总统的孙中山与夫人宋庆龄居住的粤秀楼。孙中山和宋庆龄先后冒死脱险。残酷的斗争现实，使孙中山毅然在最后的岁月里“另

1900 年，孙中山策划惠州起义时留影

为彻底之革命运动”——去世前一年，即1924年1月，他在广州亲自主持召开了有共产党员参加的中国国民党第一次全国代表大会。通过党纲、党章，重新解释了三民主义，赋予三民主义新的时代精神，阐述了国共两党合作的思想，同时创办黄埔军校，训练革命武装干部，促成了国共合作的反帝反封建的革命统一战线，把国民革命推向高潮。

孙中山先生40余年奔走革命，抱有孟子所说“虽千万人吾往矣”的精神，历经10余次革命，终于在武昌起义获得成功，推翻腐败的清政府，结束了中国两千多年的封建帝制。然而接下来的革命事业并非一帆风顺。

1917年6月，张勋复辟，全国一片哗然。段祺瑞起兵驱逐张勋，迎冯国璋代行大总统，自己就任内阁总理，掌握了北京政府政权。但段祺瑞拒绝恢复《中华民国临时约法》，也不召开国会。当时孙中山在上海，得知这一情况，立即以“拥护约法、恢复国会”为号，掀起护法运动。

1917年7月6日，孙中山带领当时北洋海军第一舰队大小10余艘军舰，从上海出发，南下广东，开展护法运动。随行的有廖仲恺、朱执信、何香凝、章炳麟、陈炯明等。7月17日，孙中山抵达广州，下榻广州黄埔公园行辕。在孙中山护法的号召下，当时不少国会议员也纷纷南下广州。8月31日，来粤的议员在广东省议会召开非常国会，通过《中华民国军政府组织大纲》，次日，选举孙中山为中华民国军政府大元帅，陆荣廷、唐继尧为元帅。9月10日，在黄埔公园内举行隆重的授勋仪式，孙中山正式就任海陆军大元帅，成立了大元帅府。

大元帅府成立后，初期在黄埔公园内办公，但黄埔公园离广州市区较远，且楼房不多。因此，孙中山选择了市内位于珠江南岸的广东士敏土厂办公大楼作为大元帅府的办公地点。9月15日，大元帅府正式迁入士敏土厂内，9月16日开始办公。

孙中山虽然有海军的支持，但本身基本没有军队，桂系、滇系军阀也不支持护法。在这一时期，孙中山与时任广东督军的陈炳、继任

广州大元帅府

督军莫荣新进行了斗争，将广东省防军的20个营划归大元帅府直辖，并以此为主成立了援闽粤军，任命陈炯明为司令，初步建立了自己领导下的革命武装力量。

护法期间，桂系陆荣廷、滇系唐继尧不但不支持护法，还明里暗地破坏护法。大元帅府成立初期，陆荣廷、唐继尧没有通电就任元帅一职，还千方百计阻挠孙中山北伐。援闽粤军开赴潮州、汕头之后，桂系军阀与政学系岑春煊等人谋划改组军政府，排挤孙中山。滇系的唐继尧也密电西南各省，胁迫孙中山离职。1918年5月20日，在桂系军阀的胁迫和收买下，国会非常会议通过决议，改组军政府，改大元帅制为总裁制，选举孙中山、唐绍仪、唐继尧、伍廷芳、林葆怿、陆荣廷、岑春煊为总裁，并以岑春煊为主席。孙中山闻讯后，发布了《辞大元帅职临行通电》及《告别粤中父兄昆弟书》，辞去大元帅职务，于5月21日离开广州前往上海。护法运动最终失败。

1922年8月，孙中山因陈炯明叛变，离开广州到达上海。孙中山对这次失败进行了总结和反思，并打算重新夺回广东，建立革命根据地。通过建立讨伐陈炯明的福建根据地、联合桂军和滇军、策反粤军等行动，孙中山于1923年将陈炯明逐出广州。2月21日，孙中山重回广州。3月2日，孙中山在广州农林试验场设立陆海军大元帅府大本营。4月3日，大本营迁至珠江南岸的士敏土厂，孙中山又一次将大元帅府设立在士敏土厂内。

大元帅府大本营是一个以军事机关形式出现的特殊政权。孙中山复任大元帅，用这一名义节制各路军队，领导政府工作，可以适应各方面的需要。大本营建立初期，先后设立八部、六局、五处、二所、一库、八个委员会。即军政部、内政部、建设部、财政部、外交部、海军部、参谋部、大理院、审计局、鱼雷局、航空局、法制局、筹饷总局、会计司、秘书处、参军处、参谋处、军法处、中央军需处、戒烟总所、制药总所、金库、工兵筹备委员会、宣传委员会、出勤委员会、特务委员会、中央财政委员会、管理俘虏委员会、法制委员会等。当时在大本营任职、并在大元帅府内办公的著名政治人物，除了孙中山和夫人宋庆龄外，还有胡汉民、蒋介石、廖仲恺、朱培德、谭延闿、程潜、杨庶堪等。

1924 年，孙中山在广州大元帅府留影

大本营成立后，主要从事军事活动，开展保护广州革命根据地的军事斗争。1923年4月至8月，平定了沈鸿英叛乱；5月至11月，第一次讨伐陈炯明，打退陈炯明对广州的进攻；1924年2月至

9月第二次讨伐陈炯明；1924年10月，依靠黄埔军校、工团军、农民自卫军及其他各军力量，粉碎商团叛乱；1925年2月至4月，成功进行了第一次东征，将陈炯明的军队逐出东江；1925年6月，成功削平杨希闵、刘震寰的军事叛乱。

这一时期孙中山的思想也发生了重要转变，他接受了共产国际和中国共产党的帮助，确定了“联俄、联共、扶助农工”的基本方针。大本营是第一次国共合作的摇篮，当时共产国际代表鲍罗廷和中国共产党早期领导人陈独秀、李大钊、张国焘等多次到大元帅府与孙中山会晤，商讨国共合作事宜。在大元帅府里，孙中山完成了《建国大纲》的撰写。1924年1月，中国国民党第一次全国代表大会胜利召开，标志着国共合作的正式形成，大元帅府大本营也进入了一个新的发展阶段。

大元帅府不仅是南方民主革命的中心，也是广东政务的领导核心。大本营发布了一些保障工农生产的法令、政策，如《暂行工艺品奖励章程》《国有荒地承垦条例》等；制定了一些有关吏治的制度，精简机构，裁减冗员、开支；建设广东大学（今中山大学），公布《大学条例》，发展教育事业；公布《临时军旅》，整顿军纪；成立航空局，任命杨仙逸为局长，研制军用飞机；创办黄埔军校，令时任大元帅府参谋长的蒋介石为军校校长，曾任大本营秘书长、财政委员会委员的廖仲恺为军校党代表；保护和发展工人运动，颁布《工会条例》，该条例是中国历史上第一个承认工人有言

中国国民党第一次代表大会会址

1923 年 10 月，孙中山在广州大元帅府主持国民党党务讨论会后与会议代表合影

论、出版、结社、集会、罢工等权利的工会法，对推进广东工人运动产生了很人影响，人本营还直接支持省港大罢工；发布支持农民运动的宣言，批准了《农民协会章程》，还派大元帅府铁甲车队和卫士队支持农民，打击地主土匪武装。在外交上，大本营于1923年9月至1924年4月，与北京外交使团进行了长期斗争，不顾列强的威胁和炮舰压境，收回海关关余。

孙中山于1924年11月应冯玉祥邀请，北上商谈国是，1925年3月12日病逝于北京。孙中山北上后，大元帅府仍保持旧制，大元帅职权由大本营总参议、广东省省长胡汉民代行。1924年6月14日，根据国民党中央政治委员会会议的决议，大元帅府大本营改为中华民国国民政府（也就是广东国民政府），大本营完成了它的历史使命。

黄花岗七十二烈士陵园

黄花岗七十二烈士陵园位于广州市先烈路，是纪念辛亥革命广州同盟会起义时英勇牺牲的72位烈士的宏伟陵园。1911年4月27日（农历三月二十九），孙中山领导的同盟会为推翻清王朝的统治，在广州举行起义，结果失败，喻培伦等同盟会骨干会员牺牲了百余

广州黄花岗七十二烈士陵园

人，其中华侨29人。同盟会会员潘达微冒着生命危险把广州黄花岗散落的72位烈士遗骸收殓安葬于红花岗（后改名“黄花岗”，黄花即菊花，比喻节烈），史称“黄花岗七十二烈士”。黄花岗墓园始建于1912年，至1921年烈士墓和纪功坊先后落成。孙中山亲书的“浩气长存”4字镌于墓坊。

陵园布局庄严雄伟，既有中国传统建筑特色，又具西方古典建筑风格。现在面积已扩大到16万平方米，园内栽种各种开放黄花的草本和木本植物，如黄素馨、黄穗冠、黄芍药、黄菊、黄梅、桂花以及黄花、夹竹桃等。四季黄花不断，象征烈士精神永存。

七十二烈士墓位于陵园内的岗顶，以麻石砌成方形墓基，四周绕以铁链栏杆。上有四柱方形钟顶碑亭，树“七十二烈士之墓”石碑一方。墓后是一座麻石建成的纪功坊。上半部以72块矩形石块，砌叠成金字塔形坊顶，顶上矗立一高举火炬的自由神像，造型别致，颇为壮观，坊额镌有章太炎所题篆文。坊后还立有详细记录武装起义经过的石碑。南墓道为碑林，镌刻有“自由魂”“精神不死”等碑文，字字重千钧。两条3米多高的边州青石透雕龙柱，夹道相对。1949年新中国成立后，人民政府十分重视陵园建设，筑起围墙，加强整治保护。广东省、广州市各界人士及黄花岗七十二烈士亲属代表每年都会来到这里举行纪念活动。

1961年黄花岗烈士墓被国务院公布为第一批全国重点文物保护单位。1981年和1986年，人民政府两次拨款维修，使之浩气重现。

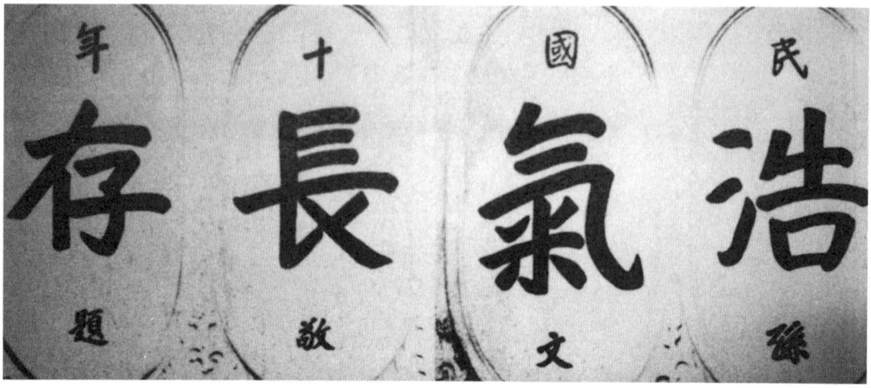

孙中山墨迹

1986年，黄花岗烈士墓被评为羊城新八景之一，名“黄花浩气”。现在这里既是革命纪念地，也是参观游览的胜地。

广州孙中山大元帅府纪念馆

孙中山大元帅府纪念馆是依托全国重点文物保护单位——大元帅府旧址建立的人物纪念馆，因孙中山先生1917年和1923年两次在这里建立革命政权而得名。2003年，被列入广州市爱国主义教育基地，同时也是“广州一日游”“珠江两岸文化史迹游”的重要景点。

大元帅府的前身为广东士敏土（cement，水泥）厂，该厂始建于清光绪三十三年（1907），生产规模仅次于天津开平水泥厂，是当时我国第二大水泥厂。现在纪念馆内还有当年广东士敏土厂的厂碑。1917年孙中山南下广东进行护法运动，征用士敏土厂办公楼作为大元帅府办公所在地。1923年孙中山再次来到广东，建立大元帅府大本营，进行第一次国共合作，推进国民革命，又一次征用士敏土厂办公楼。

大元帅府大本营改组成为广东国民政府后，大元帅府旧址又曾作为国父文化教育馆两广分馆、国父纪念馆等。广州解放后，这里先后成为部队和省有关部门的办公用房，1964—1998年成为某公司的办公、居住用房。

孙中山大元帅府旧址于1983年8月被广州市人民政府公布为市级文物保护单位，1989年6月被广东省人民政府公布为省级文物保护单位，1996年11月被国务院公布为全国重点文物保护单位。1998年10月，大元帅府旧址被移交给广州市文物管理部门，筹建孙中山大元帅府纪念馆。

广州孙中山大元帅府纪念馆全景

如今，纪念馆总占地面积8020平方米，由南、北两栋主体大楼、门楼及东、西两个广场构成。现在馆内设有“帅府百年”复原陈列、“捍卫共和复兴中华——孙中山三次在广东建立政权”基本陈列、“帅府名人像传”“一个澳洲建筑师的中国情结”等常设展览，同时还定期举办各种专题性的展览。

纪念馆的主体大楼是两座三层的殖民地式建筑，为砖、石、木、钢、混凝土混合结构，至今保存完好。当年的工字钢、地砖、房屋间隔仍完整无缺，游客可在这里一睹清末民初的建筑风采。

纪念馆遵从“修旧如旧”的文物保护原则，复原了当时大元帅府内孙中山办公室、会议室、卧室，以及蒋介石办公室、胡汉民办公室等房间，重现了当时孙中山、宋庆龄、蒋介石、胡汉民等人在大元帅府内办公、生活的场景，展示了大元帅府丰厚的历史内涵。

纪念馆的展览使用了不少新的展示手法和展览方式。主要有：使用光栅成像技术，在一个版面上轮流展示7幅图片；使用高分子硅胶，制作孙中山、宋庆龄、廖仲恺的塑像，这种塑像不同于普通的蜡像，它有弹性，而且可以植入真正的毛发、眼珠、眉毛等，惟妙惟肖，非常逼真；使用影视合成场景技术，制作了《宋庆龄广州脱险记》等多媒体小电影，绘声绘色地再现了孙中山、宋庆龄广州脱险的全过程，该技术综合运用影片剪辑、合成，混合布景、配音、图像等方式，使图像立体地呈现在布景中，整个场景极具真实感，不但饶有趣味，还极具吸引力。另外，展览设计也非常人性化，整个展览都有语音导览标识，游客利用语音导览设备可自助收听讲解，同时，配有多媒体触摸屏，供观众查阅更多的资料。

孙中山大元帅府纪念馆于2003年9月10日全面开放，它不仅是旅游的新热点，还成为对广大青少年和学生进行爱国主义教育的好去处，社会知名度和美誉度逐步提高。

黄埔军校

黄埔长洲岛位于广州市区东南20多公里处，是一座山峦起伏、树木丛生、四面环水、方圆6平方公里的美丽小岛。滔滔珠江从它身边流过。自古以来，它就是一个著名的军事要塞，是由虎门进入广州的门户。清朝末年，还在这里创办了广东陆军小学堂和广东水师学堂。民国以后，改设为广东陆军学校和广东海军学校。1924年，孙中山在这两所学校的原址上，创办了“黄埔军校”，它的全称是“中国国民党陆军军官学校”，后改名为“国民革命军中央军事政治学校”。

黄埔军校是孙中山在第一次国共合作时期首创的一所培养军事政治干部的学校。创办黄埔军校，是孙中山革命事业中的重大举措，也是他经历多次挫折和失败后作出的英明抉择。

孙中山想建立一所培养革命军事干部学校的愿望由来已久。他通过总结辛亥革命以来的失败教训，深深感到依靠军阀的武装不可能取得中国革命的胜利。同时，列宁领导革命军队取得十月革命胜

1924 年，孙中山在广州黄埔创办中国国民党陆军军官学校（简称黄埔军校）

利的经验也使他受到很大启发。1921年12月23日，第二次护法运动期间，孙中山在桂林接受了共产国际代表马林关于创办军官学校培养革命骨干，以建立革命武装的建议。1922年6月，陈炯明叛变革命后，孙中山下定了建立军校和革命军队的决心。他回到上海后多次与李大钊、林伯渠、陈独秀等共产党领导人商谈，与苏联代表越飞会谈，要求中国共产党和列宁派人帮助。1923年8月，他委派国民党代表蒋介石和共产党代表张太雷等4人组成“孙逸仙博士代表团”，赴苏联考察政治、军事。他还亲自勘定黄埔长洲岛做校址，把建校工作抓得很紧。

1924年1月24日，国民党第一次全国代表大会在广州钟楼召开期间，孙中山正式下令筹办陆军军官学校，指定以黄埔长洲岛上原有的广东陆军学校和广东海军学校原址为校舍，成立以蒋介石为委员长，邓演达、王柏龄等7人为委员的陆军军官学校筹备委员会。他先后聘请鲍罗廷为政治顾问，加伦为军事顾问，要求参照苏联红军的制度创建军校。2月上旬，在广州南堤设立军校筹备处。2月21日，蒋介石突然辞职回上海，后返回浙江奉化，并发放遣散费，几致军校流产。2月23日，孙中山在蒋介石致国民党中央执委会辞黄埔军校筹备委员会委员长职的函件上批示“不准辞职”。同一天，派廖仲恺代理该委员会委员长，负责筹建军校。不久，孙中山派许崇智到奉化劝说蒋介石回校，蒋介石于4月间重返广州。5月上旬，孙中山任命蒋介石为黄埔军校校长，委派廖仲恺为驻校国民党代表。第一期学员500人也全部入校。6月16日，黄埔军校举行开学典礼，孙中山到会发表演说，指出创办军官学校“独一无二的希望，就是创造革命军，来挽救中国的危亡”。

两年前的6月16日，是陈炯明叛变革命的日子，两年后，孙中山选择这个特殊的日子作为军校的开学典礼日，是要人们记住这个沉痛的教训，为建立一支革命的军队而无私奉献、努力奋斗。他在开学演说中号召全体师生：“从今天起立一个志愿，一生一世都不存升官发财的心理”，要“学先烈的行为，像他们一样，舍身成仁”，不“贪生畏死”。他还亲自批准将这样一副对联贴在军校大门上：升官发财行往他处，贪生畏死勿入斯门。

孙中山在黄埔军校开学典礼上讲话

军校成立后，孙中山任校总理，并同党代表廖仲恺、校长蒋介石组成校本部，下设政治部、教授部、训练部、管理部、军需部、军医部。军校学生来自全国各地，以广东、湖南、湖北、浙江、四川等省为多，还有来自越南、朝鲜、马来亚和泰国的革命青年。

军校的学生在孙中山办校思想的指导下，经过学习和训练，具备了良好的政治、军事素质。1924年10月，军校师生参加了平定广东商团之乱，首树军威。1925年，参加两次东征和南征，先后击溃了陈炯明、申葆藩、邓本殷等反动军阀，从而统一了广东，巩固了革命根据地。1926年，又参加北伐战争，连战连胜，战果辉煌。

孙中山步出黄埔军校

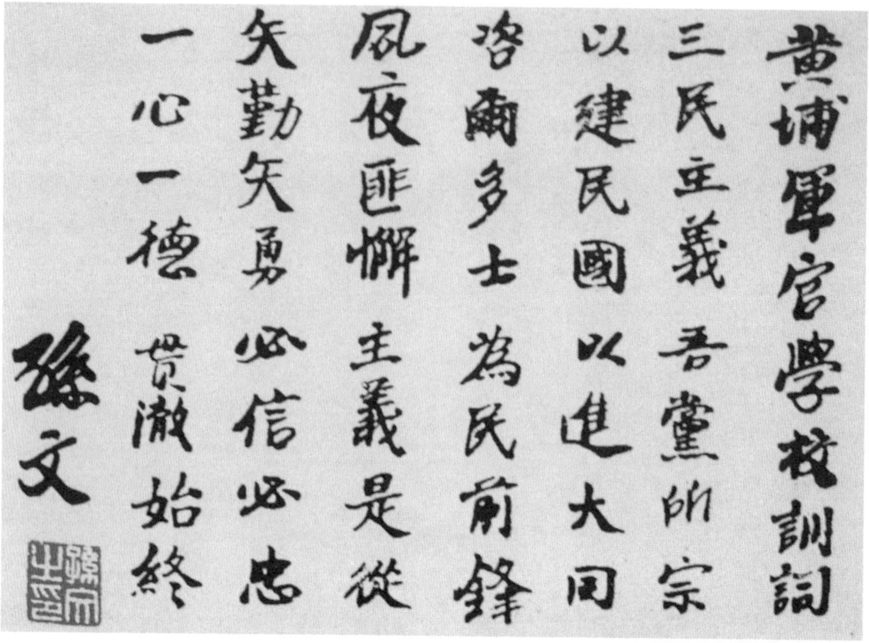

孙中山手书的黄埔军校校训

孙中山非常关心军校的发展。1924年8月31日军校开学，两个多月后，孙中山就到军校视察。以后每隔一段时间都要到军校“海关楼”小住，检查工作，听取汇报，要求师生严格掌握“政治与军事并重，理论与实际结合”的教学方针，特地制定“亲爱精诚”的校训，倡导“团结”“牺牲”“奋斗”三大精神。1924年11月13日，孙中山为商讨国是北上之前，特来军校检阅学生的演习，赞勉学生“忍苦耐劳，努力奋斗”，还叮嘱师生“不论是国民党员或是共产党员，为了革命事业，都应该把鲜血流在一起”。1925年3月，孙中山在北京病重，当他获悉以黄埔军校教导团为骨干的东征军胜利的消息时，马上电告广州黄埔学校党代表廖仲恺、校长蒋介石和政治部主任周恩来，要爱惜黄埔学生，并对随军东征的学生表示亲切的慰问。当军校领导向学生宣读孙中山发来的电报，宣布军校学生克日开拔返校时，全体学生感动得流下了热泪。

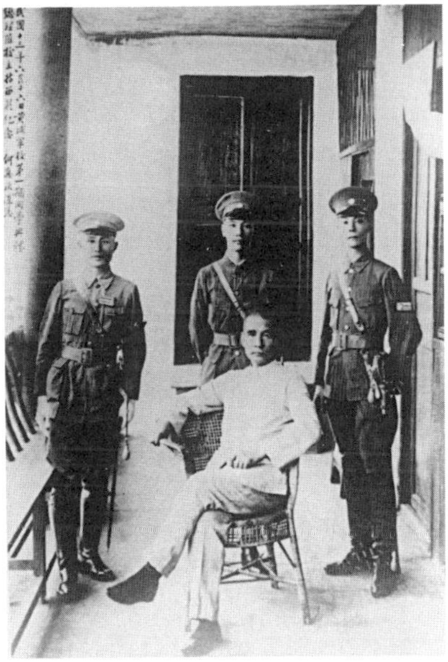

孙中山与蒋介石（后中）、何应钦（左）、王柏龄（右）合影

黄埔军校从1924年5月起，至1927年“四一二”反革命政变前止，在黄埔长洲岛办了四期，培养了大批军事政治干部，对中国革命事业做出了重大贡献。1927年以后又办了三期，1929年底停办。

孙中山与宋庆龄在黄埔军校合影

现在的黄埔军校旧址吸引着许多游客，每年来这里参观的国内外观众数以万计。不少老“黄埔”重返母校，重游故地，重温校史，缅怀中山先生，感慨万千，表示要继承孙中山先生的遗志，为“统一祖国，振兴中华”而不懈地努力，不停地奋斗。

广州中山纪念堂

广州中山纪念堂是广东省文物保护单位及全国重点文物保护单位，位于广州东风路，观音山南麓，是广州人民和海外华侨为纪念孙中山先生而筹资兴建的纪念性建筑物。据记载，中山纪念堂原址是清代的一座衙门，辛亥革命胜利后改为督军衙门。1921年孙中山在广州就任非常大总统，总统府就设在这里。1922年陈炯明叛变革命，炸毁了总统府。1925年孙中山逝世后，人们决定在此地建立中山纪念堂，由我国著名建筑师吕彦直设计，1929年动工，1931年完成。

中山纪念堂是一座钢骨架钢筋混凝土结构的宫殿式建筑，外形

广州中山纪念堂

庄严宏伟，具有浓厚的民族特色。正面为重檐歇山顶，上部呈八角亭式，红柱黄墙，衬着宝蓝色琉璃瓦上盖，庄严肃穆。堂内座位分上下层，有4729个席位，周围装饰着民族风格的彩绘图案，显得金碧辉煌。设计师巧妙运用了建筑力学的结构原理，采用钢架和钢筋混凝土混合结构，跨度达71米的建筑空间内不设一柱，显得气势恢宏，是建筑艺术中不可多得的杰作。堂前竖立孙中山先生像，供人瞻仰，堂西设有孙中山纪念馆。纪念堂及庭园占地62000平方米，主体建筑面积6600平方米。

中山纪念堂是广州市标志性建筑物之一，又是广州市大型集会和演出的重要场所。它见证了许多重大历史事件：1936年，广州市各界人士在此举行禁烟大游行；1945年9月，驻广州地区的日本侵略军在这里签字投降。新中国成立后，每年各种纪念孙中山先生的活动、省市的重要集会和文艺演出都在这里举行，如教育基金百万行、广州国际集体婚礼、纪念毛泽东诞辰100周年、纪念红军长征60周年、纪念抗日战争胜利和世界反法西斯战争胜利50周年等等。

新中国成立前夕，纪念堂因年久失修，损坏严重。新中国成立后，人民政府从20世纪50年代初开始至1988年曾7次拨出专款对各项设施进行修葺和完善。1998年再次拨款6000万元，对纪念堂进行全面的维修，更换了中央空调、灯光、音响、座椅，重新改造了贵宾室、化妆间、舞台，增加了消防喷淋系统和保安监控系统，堂前孙中山塑像改用铜材铸造，对广场、环境也做了进一步的美化，使这座历史悠久的建筑物焕发出勃勃生机。中山纪念堂自20世纪80年代初向游人开放以来，已成为广州主要的游览胜地，成为中外人士喜爱的参观游览胜地。

五、探求真理——英国

1909 年 8 月，孙中山在英国伦敦

19世纪后期的英国，依然是世界政治、经济、文化中心。此时的孙中山一面从事革命活动，一面考察各国政治得失，思考古今中外国势强弱的原因，探求救国救民的真理。英国伦敦大英博物馆留下了孙中山读书、学习的身影。

1896年9月，孙中山完成对美国的考察后，乘坐客轮，过大西洋，到了英国的利物浦后，直接奔向英国的中心城市——伦敦。置身于这座陌生的现代化城市，展现在孙中山眼前的是工厂林立，交通发达，商铺满街，客流如潮，一派繁荣景象。

1896年10月1日，孙中山到达伦敦，住进了赫胥旅馆。第二天，孙中山去拜访老师康德黎，康德黎安排孙中山住到离他家很近的私人开设的公寓，这样便于经常见面交谈。孙中山刚到英国，清政府驻美公使就已经把这一消息通知了驻英公使龚照瑗。因此，孙中山一踏上英国的领土就处于清使馆密探的监视之中。

康德黎

10月11日是星期天，这天上午，孙中山去康德黎家，准备和康德黎夫妇一同去教堂做礼拜。在路上，孙中山遭到了清廷驻英公使馆人员的绑

驻英清使馆外景

架。清廷驻英公使龚照瑗，见孙中山已被擒获，为邀功请赏，用7000英镑高价租用一艘2000吨轮船，密谋将孙中山偷运回国。如果此计得逞，孙中山必遭杀害无疑。

孙中山身陷囹圄后，积极寻找时机以图自救，并设法说服看守，将消息告知他的老师康德黎。康德黎闻讯后，着手进行营救，为防不测，他将此事公之于新闻界。经《地球报》大张旗鼓地报道后，英国朝野大哗。英国首相萨利斯堡（Salisburg）致函清廷驻英公使，敦促清公使馆限时放人。在伦敦的华侨及具有革命倾向的留学青年亦日日聚集于公使馆门前，高呼“释放孙逸仙”口号，并有要毁掉清公使馆的过激言论。清驻英公使无计可施，终于在孙中山被囚12天后将其释放。孙中山因此而得以声名远播，几乎一夜之间变成了英国乃至全世界的知名和被同情人物，而清廷更加威信扫地，只得再行悬赏通缉，并将赏金价码提高至银币50万元。

孙中山获得自由后，翻阅了许多英文报道和评论，对英国人民给予他的同情、关切和帮助深为感动。为此，他致函各报馆，感谢英国政府及英报相助之情，他在信函中说道：“予此次被幽于中国使馆，赖英政府之力，得蒙省释。并承报界共表同情，及时援助。予于英人之尚公德、好正义，素所钦仰，身受其惠，益堪征信。且予从此益知立宪政体及文明国人之真价值，敢不益竭其愚，以谋吾祖国之进步，并谋所以开通吾横被压抑之亲爱同胞乎！……”当时由梁启超主编的上海《时务报》和香港的《中国邮报》等报纸都相继刊载了从英文翻译过来的关于孙中山伦敦蒙难的报道，使中国人民也了解了事件的详细经过。为了让英国社会更清楚地了解事件的真相，孙中山用英文撰写了《伦敦被难记》，并于1897年出版，后

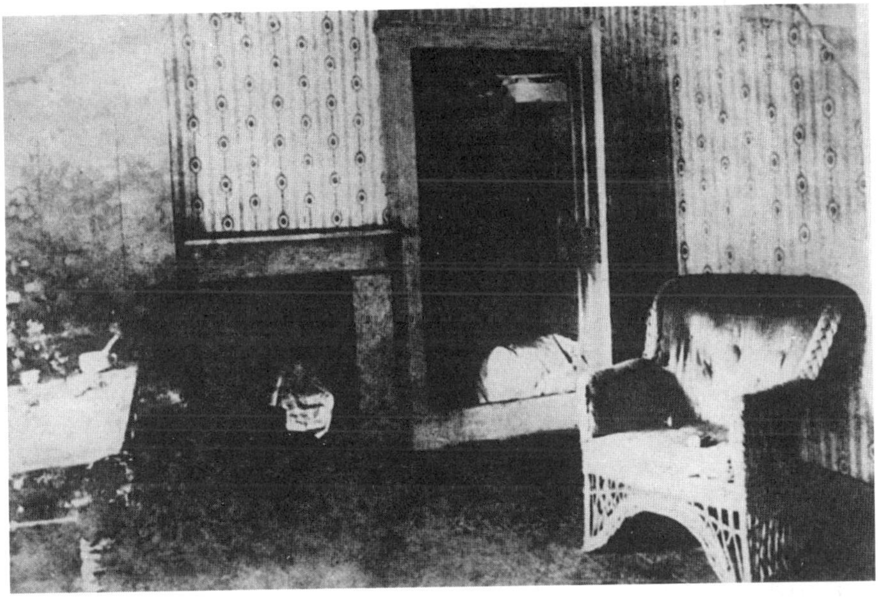

囚禁孙中山的密室

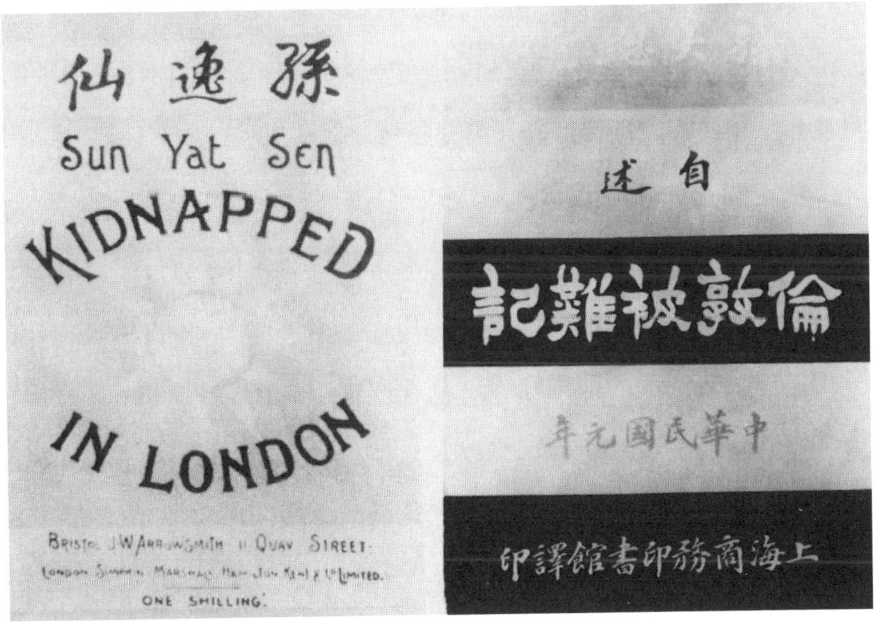

孙中山著《伦敦被难记》

来此书被翻译成了日、俄、中等多国文字，广为传扬。

1896年这次死里逃生的传奇经历，使孙中山成为名扬世界的革命家。伦敦蒙难是孙中山民主革命思想演变过程中一个重要的阶段。其根源是孙中山的反清革命活动触动了清朝统治的根基。也正是从伦敦蒙难开始，孙中山的民主革命思想更加成熟，形成了指导辛亥革命的三民主义思想体系的雏形，孙中山转变成一个坚定的民主主义革命者。

孙中山脱险后，在英国又住了半年多。这一时期，他几乎每天都在伦敦的大英博物馆里读书4至7小时。清公使馆虽然被迫释放了孙中山，但并没有放松对他的监视。他们仍然雇用英国的私人侦探，每天跟踪他的行踪，并做详细的记录。例如，1897年2月16日的记录上写着："他毫无变更每日赴大英博物馆"；4月18日的记录也写着："他差不多每日都赴大英博物馆。"

从这些记录中可以看到，孙中山每天都到大英博物馆去潜心研读，除了偶尔出来吃一些面包、点心外，其余的时间都是在图书馆里度过的。孙中山把全部精力都用于读书、学习，研究和探索救国的真理。他阅读的范围很广，任何有助于救国的书籍，无论是政治、经济、历史、哲学、军事以及自然科学方面的图书，他都要仔细阅读。他说他所读的书，都是"革命的学问"。康德黎后来回忆说："孙逸仙在伦敦和我们住在一起的时候，从来没有浪费过光阴。他时时都在工作，他所读的书，各方面都有……孙逸仙在今日的中国，是一个获得最广博、最高尚教育的人，这是无疑的。”

当时伦敦是世界政治的中心，是产生领导世界思想潮流的地方。一些国家的政治领袖，都因受到迫害而流亡到这里，像法国的雨果、俄国的赫尔岑等。他们在这里著书立说，总结本国革命失败的原因。孙中山就常和流亡在这里的俄国革命党人讨论中俄两国革命的问题。一些著名政治学家的学说，如法国卢梭的《民约论》、孟德斯鸠的《法意》，美国亨利·乔治的《进步与贫困》、林肯的《民有、民治、民享》，德国马克思的《资本论》等，都是孙中山思想重要的来源。孙中山重视对西方文化的吸收、利用和转化，但他也强调要从中国优秀的传统文化中汲取养分，如孔子的“大道之行，天下为公”、孟子的“民为贵，社稷次之，君为轻”、太平天国的“凡天下田，天下人同耕”的思想等。

除了研究书本理论外，孙中山还到博物院、农业馆、宪政俱乐部等地进行参观调查，考察英国的政治制度和社会状况，并与流亡在英国的各国革命家交流经验，探讨真理。在伦敦的政治研究和社会考察，使孙中山的思想和政治主张实现了质的飞跃。半年多的探索和研究，使孙中山开始认识到，即使像欧洲列强这样一些发达、富强的国家，也并不是什么理想的天堂，财富分配的不均导致了两极分化，资本家越来越富了，但广大劳动人民的生活仍然十分悲惨。因此，他感到兴中会的纲领“驱除鞑虏，恢复中国，创立合众政府”只包含了民族主义和民权主义，这是不够的。要避免重蹈

孙中山墨迹

西方列强的覆辙，必须再加上一条民生主义，从根本上解决人民的生计问题。孙中山曾说：“两年之中，所见所闻，殊多心得，始知徒致国家富强，民权发达，如欧洲列强者，犹未登斯民于极乐之乡也；是以欧洲志士，犹有社会革命之运动也。予欲为一劳永逸之计，乃采取民生主义，以与民族、民权问题，同时解决，此三民主义之主张，所由完成也。”

孙中山还说：“余之谋中国革命，其所持主义，有因袭吾国古有之思想，有规抚欧洲之学说事迹者，有吾所独见而创获者……三民主义实在是集合古今中外的学说，顺应世界的潮流，在政治上所得的一个结晶。”

值得一提的是，早于孙中山先生30年前，马克思也正是在这个博物馆里潜心研读，写出了划时代的巨著《资本论》。孙中山在这里也读了马克思的著作，后来，他称赞“马克思所著的书和所发明的学说，可说是集几千年来人类思想的大成”，是“科学的社会主义”。

孙中山在伦敦期间，除每天用大量时间读书外，还经常会晤伦敦各界人士，积极宣传反清思想，争取国际友人对中国革命的同情与支持。

1897年7月，孙中山离开英国。因伦敦的华侨很少，中国留学生也很少，缺乏开展革命活动的基础，所以他取道加拿大前往日本，继续从事革命活动。以后因革命事业的需要，孙中山又来过伦敦。他曾访问因“苏报案”在伦敦避难的吴稚晖。经过交谈，持无政府主义观点的吴稚晖逐渐转变了观念，倾向革命。吴稚晖在回忆中说孙中山是一个很诚恳、平易近人的绅士，“然而只觉伟大，不能形容的伟大，称为自然伟大，最为适当”。

六、宣传革命——日本、台湾地区、南洋地区、美国

1905 年，孙中山在日本

日本在孙中山的革命生涯中具有重要的地位。在长达30余年的革命生涯中，孙中山曾先后15次到过日本，在日本居住长达9年。孙中山革命生涯中的几件大事，如成立同盟会、组建中华革命党等都发生在日本。因此，孙中山曾称日本是他的第二故乡。

孙中山第一次到日本是在1895年。当时，因在广州城内举行反清武装起义失败，孙中山、陈少白等人逃往日本。这时的孙中山还是一名无名的革命者，所以，他此次日本之行没有引起多少注意。11月12日，孙中山一行到达横滨。在谭有发、冯镜如、冯紫珊的帮

1897年秋，孙中山在日本与宫崎寅藏（后排中立者）等日本友人合影

孙中山墨迹

助下，暂时在山下町（即现在的中华街一带）安顿下来。11月17日，横滨兴中会成立，冯镜如被选为会长。一个月后，孙中山在冯镜如、冯紫珊的帮助下，凑足旅费，离开横滨，前往夏威夷，结束了他第一次在日本的逗留。

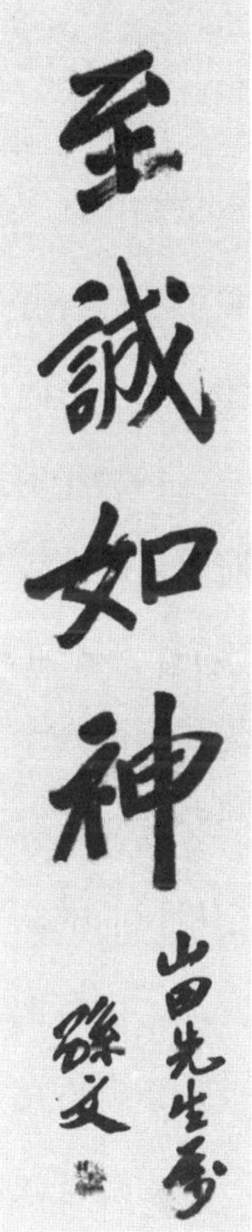

孙中山墨迹

1897年8月，再次来到日本的孙中山暂时住在横滨山下町119番目陈少白的寓所。在此期间，孙中山结识了宫崎寅藏并结下了深厚的友谊。后来，宫崎寅藏把英文版《伦敦被难记》摘译成日文，并在一家地方报纸《九州日报》上连载。孙中山的名字（孙逸仙）和事迹开始在日本传播，一部分人士才开始注意孙中山。在横滨逗留期间，孙中山通过宫崎寅藏结识了犬养毅、头山满等人。在犬养毅的介绍下，福冈的煤矿主平冈浩太郎为孙中山提供了生活费用，平山周则以汉语家庭教师的名义，在东

1901 年，清政府与列强签订了《辛丑条约》，腐朽的清政府成了列强统治中国的工具

京早稻田鹤卷町把孙中山安顿下来。孙中山以东京、横滨为舞台，与中日志士接触，寻求更广泛的支持。在这个时期，他还结识了菲律宾志士彭西，并代为购置武器，支援菲律宾的反美独立运动。

1900年8月，八国联军占领北京，慈禧太后被迫逃往西安，清政府陷入瘫痪。同年年底，清朝接受了列强的要求，同意议和。1901年9月，清朝与列强签订了《辛丑条约》，腐朽的清政府成了列强统治中国的工具。流亡海外的革命志士们准备利用这一时机，发动武装起义。孙中山在台湾基隆亲自指挥发动惠州起义。10月，郑士良指挥的部队开始在惠州发动起义，但是，由于日本政府突然发生变动，伊藤博文担任内阁总理，他发令禁止日本人参加中国革命，也阻止台湾总督儿玉源太郎向革命党人提供援助。这样，原先由日本方面接济武器弹药的计划就落空了。孙中山只好决定解散当地部队，起义被迫中断。

1906年，中国青年留学日本形成了一个高潮，最多时甚至达到了1万余人。他们在同孙中山接触的过程中，认识到孙中山革命主张的正确性。1905年8月20日，在东京成立了中国历史上第一个资产阶级政党——中国同盟会，孙中山任总理，黄兴任协理。11月，孙中山在同盟会的机关刊物《民报》发刊词中提出了“驱除鞑虏，恢复中华，创立民国，平均地权”的宗旨和“民族、民权、民生”三大主义，为革命运动指明了方向。

在此期间，孙中山赴东南亚，组织同盟会，在中国东南沿海举行武装起义。1906年12月，横跨湘赣鄂三省的萍浏醴起义，对清政府震动颇大。在清政府的要求下，日本政府将孙中山驱逐出境。1907年3月，孙中山离开日本，赴新加坡，以东南亚为基地，继续领导推翻清朝的武装起义。

1911年辛亥革命爆发后，各地革命党人遥相呼应，最终推翻了统治中国两千多年的封建帝制，建立了中华民国。此后孙中

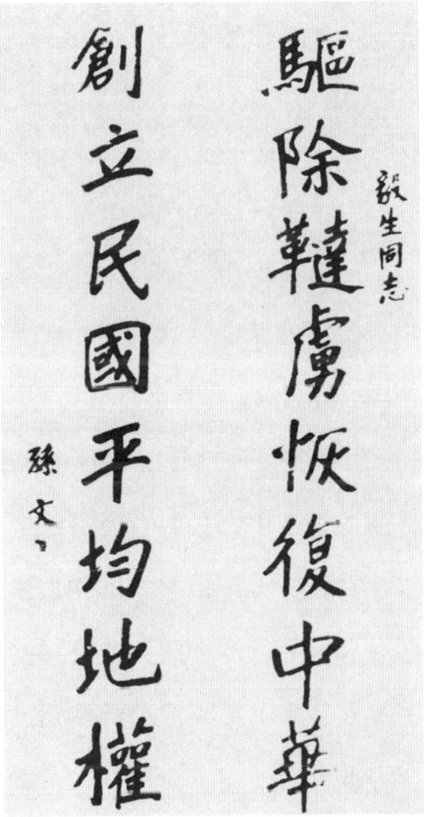

孙中山墨迹

發刊詞

孫文

近時雜誌之作者亦夥矣，姱詞以爲美，嚣聽而無所終，摘埴索塗不獲，則反覆其詞而自惑。求其斟時弊以立言，如古人所謂對症發藥者，已不可見，而况夫孤懷宏識，遠矚將來者乎？夫繕羣之道，與羣俱進，而擇別取舍，惟其最宜。此羣之歷史既與彼羣殊，則所以掖而進之之階級，不無後先進止之別。由之不貳，此所以爲輿論之母也。

余維歐美之進化，凡以三大主義：曰民族，曰民權，曰民生。羅馬之亡，民族主義興，而歐洲各國以獨立。洎自帝其國，威行專制，在下者不堪其苦，則民權主義起。十八世之末，十九世紀之初，專制仆而立憲政體殖焉。世界開化，人智益蒸，物質發舒，百年銳於千載，經濟問題繼政治問題之後，則民生主義躍躍然動，二十世紀不得不爲民生主義之擅場時代也。是三大主義皆基本於民，遞嬗變易，而歐美之人種胥冶化焉。其他旋維於小己大羣之間而成爲故說者，皆此三者之充滿發揮而旁及者耳。今者中國以千年專制之毒而不解，異種殘之，外邦逼之，民族主義、民權主義殆不可以須臾緩。而民生主義，歐美所慮積重難返者，中國獨受病未深而去之易。是故或於人爲既往之陳跡，或於我爲方來之大患，要爲繕吾羣所有事，則不可不幷時而弛張之。嗟夫！所陟卑者其所視不遠，遊五都之市，見美服而求之，忘其身之未稱也，又但以當前者爲至美。近時志士舌敝唇枯，惟企强中國以比歐美。然而歐美强矣，其民實困，觀大同盟罷工與無政府黨、社會黨之日熾，社會革命其將不遠。吾國縱能媲跡於歐美，猶不能免於第二次之革命，而况追逐於人已然之末軌者之終無成耶！夫歐美社會之禍，伏之數十年，及今而後發見之，又不能使之遽去。吾國治民生主義者，發達最先，睹其禍害於未萌，誠可舉政治革命、社會革命畢其功於一役。還視歐美，彼且瞠乎後也。翳我祖國，以最大之民族，聰明强力，超絕等倫，而沉夢不起，萬事墮壞；幸爲風潮所激，醒其渴睡，旦夕之間，奮發振强，勵精不已，則半事倍功，良非誇嫚。惟夫一羣之中，有少數最良之心理，能策其羣而進之，使最宜之治法適應於吾羣，吾羣之進步適應於世界，此先知先覺之天職，而吾民報所爲作也。抑非常革新之學說，其理想輸灌於人心，而化爲常識，則其去實行也近。吾於民報之出世覘之。

同盟会机关刊物《民报》发刊词

山在日本的使命从宣传、组织革命变为同日本政府和商界人士探讨两国合作之路。

1913年2月14日晚，孙中山到达东京。17日，孙中山与涩泽荣一商谈关于创办中日合资的综合信托投资公司“中国兴业公司”事宜。20日，孙中山赴日本铁道协会在上野精养轩举办的招待会，出席在那里举行的中国兴业公司发起人会议。21日，孙中山与涩泽荣一等人起草中国兴业公司计划书草案。25日，该草案由涩泽荣一送交日本政府批阅。3月1日，草案经参加此项目的各有关方面同意，正式做成计划书。3月3日，孙中山与涩泽荣一、山本条太郎、益田

1914 年 7 月，中华革命党在日本东京成立。图为孙中山与中华革命党同志在日本的合影

孙中山在日本举行“帝政取消一笑会”，庆祝袁世凯帝制的垮台

1913 年 3 月，孙中山在日本三菱造船厂

孝、大仓喜八郎等人逐条讨论并议定了《中国兴业公司计划书》。该计划书规定了营业范围（各种企业的调查设计、中介、融资和信托）、资金来源和组织机构。鉴于当时的国际形势，计划书没有公开。1914年4月，由于中国国内形势发生剧变，该公司在包买了孙中山等人的股份之后，由袁世凯政府的官僚加入。孙中山与日本财界的合作归于失败。

在孙中山为了百废待举的民国经济四处奔波时，袁世凯却为了反对国民党组阁，派人暗杀了国民党干事长宋教仁。“宋案”真相大白后，以江西都督李烈钧为首的国民党重要人物发动武装起义，反对袁世凯的暴政。由于力量悬殊，起义被镇压。孙中山等人不得不再次流亡日本。

在东京安顿下来之后，孙中山开始筹建中华革命党。1914年7月8日，中华革命党成立大会在东京召开，会上公布了孙中山制定的《中华革命党章程》。9月，中华革命党军事部、总务部正式成立。孙中山为了克服党员的散漫倾向，要求党员“服从总理孙先生”，引起了黄兴等人的反对，革命派内部发生了分裂，给革命事业带来了很大损失。

与此同时，第一次世界大战爆发。中华革命党利用这个机会，在东北三省以及山东、上海、浙江、福建、广东等地举行了规模不等的反袁起义。

为了培养革命需要的人才，1913年12月，在孙中山、黄兴、李烈钧等人的策划支持下，流亡日本的革命者在荏原郡新井村开办了浩然学舍，培养军事人才。1914年2月，由日本法学博士寺尾亨出面，创办了法政学校，聘请日本著名学者吉野作造等出任讲师，培养党政干部。另外，1916年5月，在梅屋庄吉的全面赞助下，中华革命党聘请日本著名飞行家坂本寿一担任教师，在滋贺县八日市创办了飞行学校，培养飞行员。

1915年10月，孙中山和宋庆龄在东京结婚，梅屋庄吉夫妇对他们的生活多有照顾。梅屋庄吉早年在香港经营照相店，结识孙中山后，对孙中山的事业和生活多有帮助，是孙中山名副其实的盟友。

1915 年 10 月 25 日，孙中山与宋庆龄在日本结婚

孙中山与梅屋庄吉夫妇

现在，在日比谷公园内，梅屋庄吉外孙女小坂主和子经营的饭店松本楼里，还保存着宋庆龄当年弹过的钢琴。

孙中山最后一次到日本是在1924年11月。这一次，孙中山从广州出发，在上海作短暂停留后，即坐船到日本。24日下午，孙中山、宋庆龄、戴季陶、李烈钧、黄昌谷等人从上海经长崎到达神户，下榻在东方宾馆。在神户逗留的一星期里，孙中山和日本各界进行了广泛的交流。据统计，在孙中山访问神户期间，与其会见的知名人士共有90人之多。30日上午，孙中山一行乘坐“北岭丸”，踏上了归国的旅程。在码头上，神户各界举行了欢送仪式。孙中山站在甲板上，挥动帽子，宋庆龄也手持鲜花向送行的人群告别。

除了在以上日本各地的活动，孙中山在辛亥革命前后，还到过荒尾、和歌山、名古屋等地进行参观访问。

1897年11月，应宫崎寅藏的邀请，孙中山赴宫崎的老家熊本县荒尾村（现在荒尾市）。在那里，他会见了宗方小太郎，促膝交谈。1902年2月12日，孙中山与温炳臣从横滨出发赴和歌山，拜访在伦敦认识的友人南方熊楠。13日，到达和歌山，投宿在富士屋旅店。南方熊楠是日本著名的博物学家，1897年3月，在伦敦与孙中山交往，并结下了深厚的友情。1902年7月6日至7日，在宫崎寅藏的陪同下，孙中山到冈山市内的后乐园参观，消除身心疲倦。路过神户时，孙中山与朝鲜志士朴泳孝见面会谈。

1913年3月7日，孙中山由横滨赴横须贺军港，参观海军炮术学校和军舰。8日，孙中山一行到达名古屋，受到各界人士的隆重欢迎。孙中山参观了离宫和商品陈列所。在晚上的宴会上，孙中山特地邀请曾经在台北万华警察所担任所长的一之濑胜三郎赴宴，感谢他在台北时曾经给予的帮助。9日，孙中山一行赴京都，孙中山下了火车之后，来到西本愿寺，与大谷光瑞会谈。下午，中国留学生在京都府立图书馆陈列大厅举办了欢迎会。晚上，京都市各界人士在京都宾馆举行了欢迎晚宴。在这两次会上，孙中山都发表了演讲。10日，孙中山一行坐火车赴奈良，参观了春日大社，并出席了柳泽伯爵在奈良宾馆举行的午宴，然后坐车赴大阪。11日上午，孙中山参观中村紧身布厂，并出席纺织联合会举行的欢迎会；下午参观大阪纺织会社和大阪每日新闻社；傍晚出席国民党大阪分部欢迎会；晚上出席了各界举行的欢迎晚宴。12日上午，孙中山赴炮兵工厂，下午参观筑港工程，晚上出席大阪中华民国商务总会和实业家联合举办的欢迎会。15日，离开神户后，孙中山来到军港吴市，参观海军工厂，并赴宫岛参观。16日，抵达下关市，在会见记者时，孙中山表示，一路上受到各界的隆重欢迎，无暇考察日本的铁道，略有遗憾。当天，孙中山赴明治专门学校参观。17日，孙中山一行至八幡制铁所参观。18日，到达福冈市，孙中山在与玄洋社旧知会面后，出席了在公会堂举行的市民欢迎大会；下午赴崇福寺向安东永之助墓献花，然后赴九州大学，并发表演讲。19日，上午赴熊本荒尾村，与宫崎家人相见，盛赞宫崎家对中国革命的支持，并合影留念；下午参观煤矿、工厂、工业学校。20日，孙中山赴熊本参观，登临天守台，欣赏西南战争古战场的风光；下午，出席了留学生主办的欢迎会，并作演讲。21日赴长崎。

1918年6月11日，孙中山与胡汉民、戴季陶抵达箱根温泉，下

孙中山在长崎造船厂埠头

榻在塔之泽环翠楼，疗养10天。20日赴京都大学医院治疗眼病。23日，在神户登船回国。

永久的纪念——移情阁

移情阁即现在的神户孙中山纪念馆，位于神户垂水区东舞子町2028—61号。这是一座六角形的三层楼建筑，是旅日华侨吴锦堂先生的私人别墅，建成时间为1915年。门楣上“移情阁”三个字是桐城才女吴芝瑛的手书。它之所以名声大振，是因为1913年孙中山曾经在这里住过。1965年，孙中山先生诞辰100周年前夕，吴锦堂的孙

移情阁——日本神户孙中山纪念馆

子吴伯英将其捐赠给由华侨团体组成的孙中山纪念馆筹委会。1982年，为了纪念中日实现邦交正常化10周年，兵库县政府拨款1.3亿日元对移情阁进行全面修复，并于1984年11月12日正式成立了孙中山纪念馆。该馆一楼天井图案是中国的传统吉祥物——龙，二楼天井图案是中国的另一吉祥物——凤，合称龙凤呈祥，每层楼顶都悬挂着红木制作的中国宫灯。在陈列上，主要分为四部分，即“孙文的生涯”“孙文在神户”“孙文的遗墨”和“孙文与中国建设”。现在，这里作为日本的孙中山研究、中日文化交流的场所，发挥着重要的作用。

* * *

孙中山认为台湾地区是发展国民革命事业的重要基地，他先后派人在台湾成立了兴中会台湾分会和同盟会台湾分会，并曾亲自到台湾，勉励同志，光复台湾。在孙中山心中，光复台湾一直是其主张的“民族主义”的重要组成部分，在其弥留之际，还念念不忘。

有关孙中山到台湾的次数，根据中国国民党文化传播委员会党史馆（原党史委员会）库藏史料及其从日本外务省档案选译之编辑资料，应以3次为最可靠。

孙中山第一次到台湾，是以此为基地指挥惠州起义。1900年，义和团运动爆发后，孙中山认为应该乘机发动革命。他与杨鹤龄、陈少白等商议，决定领导兴中会同志在惠州起义，并于9月25日（阴历八月二日），化名吴仲，自神户乘“台南丸”轮船经马关到台湾，日本友人清藤幸七郎随行。28日，由基隆到台北。当时，台湾总督儿玉源太郎及民政长官后藤新平因曾在东京与孙中山见过面，允诺给中国革命以帮助。此次，儿玉源太郎在台湾迎接孙中山，同意给予武器援助。孙中山到达台北后，将革命指挥部设在台北新起町（现为长沙街），筹备军需。但是，因日本内阁总理大臣换成了伊藤博文，他禁止台湾总督与中国革命党接洽，禁止出口武器给革命党人。结果惠州起义因为后继无援而失败，孙中山在台湾停留44天后，只好于11月10日乘“横滨丸”轮船自基隆转赴日本。

孙中山第二次到台湾是在1913年。袁世凯派人暗杀宋教仁、擅借巨款、违法专权，引发了各省革命党人对他的讨伐。但是，因为实力悬殊，这些讨伐袁世凯的起义都以失败而告终。讨袁起义失败后，孙中山曾准备去广州，但是，因为当时时局紧张，他与胡汉民搭“抚顺丸”轮船秘密到了台湾。

孙中山第三次到台湾是在1918年。因国会擅自改组中华民国军政府，孙中山辞去军政府大元帅职务离开广州，原打算取道高雄再到日本，但当时的报纸报道了此事，为安全起见，孙中山于6月1日由广州到汕头乘“苏州丸”赴台湾，隔日到达基隆。随行包括胡汉民、戴季陶等人，原想和台湾的革命同志会面，因日警阻挠，随即改搭“信浓丸”轮船离台赴日。

自从甲午战败，台湾被割让给日本后，就一直处于日本的铁蹄之下，长达几十年。在这几十年中，台湾人民无一日不思念祖国大陆，而在此期间，对台湾同胞影响最深远、最为台湾同胞所尊敬的，就是被《台湾民报》尊称为“国民之父”“弱小民族向导者”的孙中山。孙中山对台湾同胞的影响，以及台湾同胞对孙中山的尊敬，可以从孙中山逝世前台湾同胞所表现出的关切之情，以及逝世后的追悼之意中，得到深刻的印证。

当孙中山在北京病重，一度传出死讯时，1925年2月21日的《台湾民报》以充满感情的标题，表示“愿中山先生之死不确”，“孙文没有死”。当得知孙中山已死的消息不确切后，《台湾民报》说道：“好了！我们为中山先生庆祝，更为四万万的国民庆祝，更为东亚大局世界的前途庆祝！弱小民族万岁！万岁！”当确切的死讯于3月13日传到台湾时，《台湾民报》以社论《哭望天涯吊伟人》来追悼孙中山。社论写道：梦吗？真吗？3月13日的电报又说中山先生死！可是这次似乎真的死了！想此刻四万万的国民正在哀悼痛苦罢！西望中原，我们也禁不住泪泉怒涌了！一封电报就能叫我们如此哀恸！这都为了什么？那是因为孙中山是“自由的化身”“热血的男儿”“正义的权化”，而成为“自由”与“正义”化身的“热心男儿”竟然壮志未酬身先死！孙中山永远活在了台湾人民的心中。

国父史迹纪念馆——梅屋敷

这是孙中山来台仅存的纪念性遗址。它位于台北市中山北路与

国父史迹纪念馆

北平西路交会点，是一座日式木结构单层建筑，始建于1900年，是日本人大和辰之助夫妇所建的旅社。当时曾由新竹州移来白梅古木200株栽在庭院内，约3000坪宽广的庭院环境清雅幽静，蔚成梅林，并逐渐增建，兼营料理，成为日据时期台北最繁华的日式酒家。梅屋敷的含义就是盛栽梅花的旅店，日据时期旅台的日籍官员或士绅巨贾，常聚此休憩宴会。孙中山第二次来台在此下榻，由于警卫森严，外人知道的不多，革命党员翁俊明、杨心如等人曾来此晋谒请示。

1945年抗战胜利、台湾光复后，梅屋敷由中国国民党台湾省党部接管，改设国父史迹纪念馆之后曾增辟新生活宾馆，并长期提供给“救国团”作为中国青年服务社，用来举办才艺、进修等学习班。

梅屋敷外景

梅屋敷展厅一角

1983年，因铁路地下化施工，遂拆移原有馆舍，在原址北面50米处仿古重建，并修水池、亭台、曲廊，增加美化效果。工程于1987年2月底完工，并于3月12日孙中山逝世纪念日正式对外开放。重建后的国父史迹纪念馆面积约3300平方米，保存了纪念馆的主体建筑模式，正门牌楼、回廊、碑亭、演示文稿室、停车场等构成方形格局，内植葫芦竹、罗汉松及各式花卉，成为闹市中一处幽雅恬静、饶富中国庭园之美的胜境，也使国父史迹纪念馆结合公园造景，成为一座名为逸仙公园的纪念公园。

*　　*　　*

南洋地区也是孙中山宣传革命、进行革命活动的重要阵地。他在南洋的活动主要集中在新加坡和马来西亚，而新加坡更是他在南洋活动的主要阵地。与在其他地方的活动相比较，孙中山在新加坡的活动主要集中在辛亥革命之前。据统计，孙中山曾先后8次到新加坡进行革命活动。

第一次到新加坡是在1900年夏天。宫崎寅藏到新加坡探访寄居在富商邱菽园家的康有为，康有为却怀疑他来行刺自己，便向英国殖民地政府告发，结果宫崎寅藏被捕。孙中山听到消息后，从西贡赶来新加坡营救，也遭逮捕。幸亏好友黄康衢、吴杰模、林文庆等四处救援。尤其是林文庆，作为孙中山在香港的同学，更是尽力奔走。孙中山获得和新加坡总督见面的机会，说明了宫崎的来意，并指出宫崎所携带的港币是自己的，是准备用来发动革命的军饷。结果，宫崎被判永久出境，孙中山则被判5年内不得到新加坡。

第二次是在1905年6月11日。孙中山从法国马赛乘轮船到日本，途经新加坡时，致电正在新加坡的尤列，嘱咐他请陈楚楠、张永福和林义顺等人上船见面。尤列和陈楚楠等和孙中山晤谈后，前往新加坡警察局，要求允许孙中山上岸。经警察局批准，孙中山下榻在小桃园酒店，和陈楚楠等详谈革命事宜。孙中山指出，欧洲留学界已经成立革命机关，不久在日本也会成立，他叮嘱尤列和陈楚楠等预先在新加坡布置，以利革命事业的进行。这次见面，是孙中山与南洋革命同志相聚之始。孙中山离开新加坡后，给陈楚楠的第一封信中，说明革命时机已经成熟，鼓励陈楚楠等在南洋组织革命团体。

第三次是在1906年4月。孙中山从马赛抵达新加坡，陈楚楠、张永福、林义顺等同志都到码头迎接，因孙中山“五年不得入境”的限制已经到期，因此可以在新加坡逗留，张永福等便安排他在晚晴园居住。同年4月6日，孙中山在新加坡设立同盟会分会，以晚晴园为会所。分会的誓词是“驱除鞑虏，恢复中华，创立民国，平均地权”，与总会的宗旨完全一样。新加坡同盟会分会是南洋群岛第一个革命组织。它成立后，南洋华侨社会的革命行动正式与中国革命运动连成一气，力量也更为壮大。所以，自从同盟会分会在新加坡成立后，革命思潮蔓延至整个南洋群岛，革命党在南洋的势力，有如雨后春笋，蓬勃茁壮地发展起来。

1906 年 4 月，新加坡成立同盟会分会

1907 年 5 月，同盟会发动了潮州黄冈起义，起义失败后，孙中山与部分参加起义的同志在新加坡合影

1906年，孙中山第四次来到新加坡，他和胡汉民认为新加坡同盟会分会有扩大的必要。于是，他请胡汉民另外起草会章，在晚晴园召集开会，并重新改选。结果张永福被选为会长，陈楚楠为副会长兼财政主任，林义顺为外交主任，谢心准等人为文牍科主任，组织规模比以前扩大许多。

孙中山第五次来新加坡视察，只逗留数日。

镇南关起义失败后，清廷到安南查访孙中山的踪迹，孙中山只好退出安南，转赴新加坡，这是孙中山第六次到新加坡。1908年3月7日，孙中山到新加坡后，为避开清廷的追杀，行踪非常隐秘。清政府与新加坡总督交涉，要求驱逐孙中山出境。新加坡总督传问了孙中山，但并没有发出驱逐令。

第七次是孙中山和夫人卢慕贞、二女及陈粹芬一起到新加坡。孙中山想重新整顿团体，使其更加坚固有力。为等各方同志到齐再确定具体方针，他向新加坡会员交代说明后，便与家眷一同去槟城，并召开了著名的“槟城会议”，进行筹款募捐，准备来年在广东再举义旗之用。

1911年10月10日“武昌起义”成功后，孙中山从法国乘英国轮船返回中国。12月16日，轮船从槟城经新加坡，邓泽如秘密登船，与孙中山会面。孙中山离船登岸，与其军事顾问荷马李将军住陈武烈大厦（又名陈金钟大厦）。这是孙中山第八次也是最后一次到新加坡。

晚晴园——孙中山南洋纪念馆

晚晴园建于19世纪末，1996年被辟为孙中山南洋纪念馆。

纪念馆坐落在大人路12号（今马里士他地区）。晚晴园落成于1902年，由橡胶业巨子张永福于1905年购下这栋双层别墅，供他年迈的母亲颐养天年，因而命名“晚晴园”。当孙中山先生选择新加坡作为他在东南亚的革命策划地时，张永福先生毫不犹豫地将晚晴园让给孙中山先生进行革命活动。这栋别墅就成了孙中山先生和各位本地先贤们策划起义的根据地。后因经济拮据，张永福把它卖给了一名印度商人。1937年，中华总商会董事李光前等6人合资购得晚晴园。1938年，他们将晚晴园交给南京国民政府管理。在得到拨款后，进行了修整，搜集文物，安放桌椅、铜像，并在1940年元旦举行了开幕典礼开放参观。太平洋战争爆发后，1942年2月15日，新加坡沦陷，晚晴园被日军占用，充作通讯部。1945年8月15日，日本投降时，园内楼上楼下陈设的纪念文物和图片都已荡然无存。1951年国民党从该楼撤出后，晚晴园重新交由新加坡中华总商会管理。总商会在1966年完成第四次重修工程后，该楼重新开放。在1996年11月12日孙中山诞辰130周年这一天，这座历尽沧桑、见证历史的名园正式被命名为“晚晴园——孙中山南洋纪念馆”。

纪念馆的整栋建筑为白色，栏杆和屋檐等外部设施都保持着100多年前的建筑特色，屋外种有两棵仁心果树，还有芭蕉树迎风招展，清新宜人。园中有块3米高的巨石，刻有李光耀的评语：“孙中山，一个改变中国命运的人。”

纪念馆融合美术和科技于一体，用油画、水彩画、电脑合成图、音乐和灯光全面展现孙中山在南洋的事迹，使其更为形象化。

2011年9月晚晴园被重新翻新，新展厅以更全面的视角来叙述孙中山和本地支持者在革命中所做出的贡献，更突出了新加坡华人对辛亥革命的贡献。展厅同时也具体地阐述了辛亥革命对新加坡社会的影响，包括在文化教育和经济发展上的改革。这也是晚晴园与其他各国的孙中山纪念馆的不同之处。

2014年晚晴园丰富其常设展厅的内容。更新后的展厅主要展出了一系列由私人和社团机构所提供的展品并运用多媒体呈现方式，例如全息投影和3D投影。

晚晴园是近代中国革命在海外的重要基地。1900年，孙中山第一次访问新加坡后，一直到1911年辛亥革命成功，他先后到过新加坡8次，这8次在新加坡的革命活动主要集中在晚晴园。现在，晚晴

新加坡晚晴园

园已经成为孙中山在南洋革命活动的集中展示地和孙中山在南洋的重要纪念地。

* * *

对于孙中山来说，美国是其对外寻求革命支持的重要国家之一，也是其接受西方教育、感受西方资产阶级民主主义思想的开始之地。美国对于孙中山民主思想的形成及其开展民主革命具有重要影响。

孙中山第一次到美国是在1879年。他远涉重洋至檀香山，在哥哥孙眉开设的商店协理店务。后来进入意奥兰尼学校学习3年，毕业后又就读于奥阿厚书院数月。孙中山从这些英美教会所办的以英语授课的学校中接受了西方科学文化知识的基础教育，开始受到西方资产阶级民主主义思想熏陶，并对西方教育制度留下了深刻的印象。

1894年11月，孙中山重抵檀香山。20多名华侨青年接受他的倡议，举行会议，成立了兴中会，选举刘祥、何宽为正、副主席。孙中山起草了《兴中会章程》，强调帝国主义侵略给中华民族造成的深刻危机，规定以“振兴中华”为兴中会的主要宗旨。他还起草了入会的秘密誓词，提出了“驱除鞑虏，恢复中国，创立合众政府”的革命主张。

1896年，广州起义失败后，孙中山来到旧金山（原名金山）。他联络以“反清复明”为宗旨的洪门致公党人士，希望他们参加革命组织，但是因为当时民智未开，效果并不明显。兴中会成立后，孙中山曾于1896年六七月间，前往旧金山、芝加哥、纽约等地，在华侨中宣传革命，并建立了旧金山兴中会分会。他还领导兴中会组织会员进行军事训练，向爱国侨胞募集资金，为反清武装起义做准备。

1903年秋，孙中山前往檀香山，在改组兴中会的基础上成立了名为“中华革命军”的组织，并在入会誓词中提出了“驱除鞑虏，恢复中华，创立民国，平均地权”的16字纲领。与兴中会的主张相比，这个纲领的民主共和要求更加明确，而且增加了解决土地问题的内容。12月，为了夺回被保皇党侵入的阵地，联合海外的会党与留学生，结成更大的团体，孙中山第二次来到旧金山。在这里，他加入了致公党，并为致公党重新修改了章程。他还印发邹容的《革命军》，分赠华侨，以加强革命思想的宣传。1904年春，他转赴旧金山，协助致公党在美国各城市对其会众进行注册，并大力宣传民主革命思想。

1909年12月，孙中山又来到旧金山。当时，他领导的中国同盟会已经在东京成立，并先后在中国南方边境发动起义，同时还与保皇党展开了根据地的保卫战。为了吸引更多志士参加革命，在孙中山的倡议下，将《美洲少年》改为每天早上发行的《少年中国晨报》。

1910年，孙中山在美国的一些城市建立了同盟会分会，并将旧

1910 年，孙中山在美国底特律市成立同盟会分会

1911 年，孙中山在旧金山与美洲同盟总会同志合影

1911 年，孙中山在旧金山（三藩市）

金山“少年学社”改组为美国同盟会，全称为“中国同盟会美洲三藩市总会”，亦称“美国总支部”。将原誓言“驱除鞑虏，恢复中华，创立民国，平均地权”改为“废除鞑虏清朝，创立中华民国，实行三民主义”；又将盟书中“中国同盟会会员”改为“中华革命党党员”，对外仍用同盟会名义，并发函通知南洋的同盟会组织照此办理。

1911年，黄花岗起义失败后，孙中山对殉难烈士表示深切哀悼。随即，他向芝加哥同盟会分会提出了“集合巨款，分途举义”的新计划。4月，他来到旧金山，发起募捐活动，以接济国内的革命军。孙中山曾以报社为临时办公室，为中华革命军筹款，并在这里的办公桌上完成了青天白日旗式样的绘制。同年夏天，他到达旧金山，努力促成设在那里的美洲同盟总会和美洲致公堂联合起来，消除门户之见，协力筹饷救国。在他的倡议下，成立了洪门筹饷局，孙中山自任“演说员”，与筹饷局职员一起赴美国各城市募捐。筹款的成果非常丰硕，这些款项均被寄回国内，供应各省的起义军，为各省的“光复”做出了重要贡献。

孙中山在美国寻求革命支持的过程中，结识并与几位美国友人结下了深厚的友谊。他们是：最早资助孙中山进行对外宣传工作的麦克威廉士、参加过孙中山领导的某些反清武装起义筹划的荷马李和布思、曾随孙中山来华进行共和国建设的荷氏夫妇、力挫敌人造谣中伤孙中山的戴德律。他们曾在不同时期对孙中山的民主革命事业给予了热情的同情关注和支持帮助，与美国政府和财团不支持孙中山革命的做法，形成了鲜明的对比。

金山国父纪念馆

旧金山是美国太平洋东岸的主要港口，也是华侨前往美国大陆的首站。旧金山是华人聚集的大埠，它在中国革命运动史上具有举足轻重的地位。

金山国父纪念馆

金山国父纪念馆就坐落在旧金山。纪念馆位于孙中山创办的刊物《少年中国晨报》的旧址，面积约5500平方米。1991年，因中国国民党总部党营事业调整，不得不停办《少年中国晨报》。中国国民党驻美支部几经考虑，决定在其旧址筹建金山国父纪念馆，以传承革命精神，弘扬中华文化。几经整顿，金山国父纪念馆于1994年7月1日开始对外经营运作。目前，该馆的地下室为文物展览和展示室，主要展览文物，供华侨举办各种文艺活动。一楼为会议室，二楼为“金山华侨文教服务中心”，三楼用作办公。

七、缔造共和——武汉、南京

就任中华民国临时大总统时的孙中山

武汉是孙中山领导的辛亥革命首义之地。孙中山领导的10次武装起义，都发生在两广、云南等华南地区，辛亥革命却在长江流域的武汉取得了胜利。

武汉，因地处交通要道，素有“九省通衢”之称，当时在国内是仅次于上海的第二大城市，从全国的角度看，它处于中心的位置。辛亥革命之所以在武汉取得胜利，是必然因素和偶然因素相互作用的结果。

1901年，在从日本士官学校毕业回国的革命党人吴禄贞的号召和组织下，李书城、程明超、曹亚伯、时功玖、朱和中、张难先、胡瑛等一批热血青年积极参与革命活动。他们先后投入工兵营，在军队中散发《革命军》《猛回头》等革命书籍，发展了一批革命志士。1904年5月，吕大森、曹亚伯、张难先、宋教仁等在武昌组织科学补习社，这是湖北最早的革命团体。科学补习社设有专门负责新军工作的干事，不断将青年学生、会党成员输送入伍，努力扩大新军中的革命力量。

后来，革命团体的名称虽然一再改变，但从日知会、湖北军队同盟会、群治学社、振武学社，到文学社和共进会，湖北的革命党人始终把新军作为革命工作的主要对象，许多革命知识青年以当兵为掩护，长期坚持不懈地潜伏在新军军队里进行艰苦细致的革命宣传和组织工作。革命党人在湖北新军的标（团）、营、队（连）都推举了他们的代表，组织网遍及湖北新军各基层单位，参加革命组织的士兵达五六千人，占湖北新军总数的三分之一，为武昌起义的发动奠定了坚实的基础。

1911年发生的黄花岗起义和四川保路风潮，极大地鼓舞了全国人民的斗志，革命的风暴已成不可阻挡之势。湖北的革命党人认为机不可失，决定利用这个大好形势，在武汉发动起义。

1911年10月10日，武昌起义爆发。他们首先夺取的是楚望台军械库。之后，各路起义军都把进攻的目标对准了湖广总督衙门。这天晚上下着雨，起义军从军械库里取出衣被，浇上火油点燃，督署暴露无遗。炮兵向督署和第八镇司令部猛烈轰击，湖广总督瑞澂

1911年10月10日，武昌起义爆发，新军工程第八营的革命党人率先发难。图为工程第八营旧址

见大势已去，带着家人从墙洞里仓皇逃走，躲到了停泊在长江上的“楚豫”号军舰里。

经过一夜血战，清军士气大落，无心恋战，退回江北，起义军占领了武昌全城。10月11日和12日，驻汉口和汉阳的新军也先后起义，武汉三镇完全“光复”。

汉阳“光复”后，革命军随即准备成立湖北军政府，议员刘庚藻提议，由第二十一协统领黎元洪主持大事，这一建议立刻得到了大家的赞同。黎元洪在众人的压力下，接受了都督一职。

10月12日，湖北军政府以黎元洪的名义通电全国，吁请各地响应，并致电上海，促居正、黄兴、宋教仁等尽快来武汉，还请他们转电孙中山从速回国，主持大计。

武昌起义成功的消息，迅速传遍了全国，震撼了大江南北，各地的革命党人纷纷起来响应。首先响应的是湖南、陕西两省，继而江西、山西军政府也宣告成立。到11月下旬，全国24个省市宣布脱离清廷统治，其他各省的反清斗争也风起云涌，最终推翻了统治中国两千多年的封建帝制。

武昌起义爆发时，孙中山正在美国筹款。他认为广州起义失败的主要原因在于筹款不足，仍把希望寄托在两广、云贵等西南地区。然而，出乎他的意料，武昌却成为首义之地。

阅马场

阅马场位于辛亥革命武昌起义纪念馆前面，这是一处古老的场地，也是辛亥革命武昌起义的旧址之一。1912年4月9日，孙中山来武汉时，就是从这里进入湖北军政府的。那天，场内布置得庄严壮观，两面十八星旗交叉挂立，黎元洪率湖北军政府全体官员列队迎候。当孙中山的车队停在场内时，黎元洪亲自走到孙中山的车前，拉开车门，搀扶孙中山下车，并与孙中山亲切握手，互相问候，随后并行进入军政府大厅。

阅马场，也作阅马厂，建于清代初期，是清军练兵演武的校场和举行武科考试的考场，场内设有演武厅。以后，演武厅又成了清军绿营兵的营房。清代末年，在演武厅的旧址上建成湖北省咨议

湖北军政府旧址

局，即今湖北军政府旧址。

阅马场是一处有着光荣革命传统的地方，有“革命红场”之称。1688年绿营军起义，在此设立“总统兵马大元帅府”；1853年，太平军在此筑台宣讲革命道理，并举行进军南京的仪式；1911年辛亥革命武昌起义后，在此建立湖北军政府；1919年五四运动时，共产党人和革命志士经常在此举行游行集会；1924年，董必武在此主持“九七”国耻纪念大会；1926年，国民革命军在此设立总政治部和国民党省党部；1927年，湖北省农民协会第一次全省代表大会在此召开，毛泽东同志被聘为大会名誉主席；1949年5月，武汉解放后，在此设立中国共产党湖北省委员会。现在，这里已形成了一座拥有4.8万平方米的纪念性广场，场内耸立着红楼、孙中山铜像、黄兴拜将台纪念碑等纪念建筑，成为人们瞻仰、休憩和举行纪念活动的重要场所。

武昌起义军政府旧址

武昌起义军政府旧址，即湖北军政府旧址，又称红楼，坐落在武昌阅马场北端的绿荫丛中。其旧址北倚蜿蜒葱茏的蛇山，南接开阔而古老的阅马场，是一组规模相当壮观、颇具西欧古典建筑风格的建筑群。其主体建筑咨议局大楼是一座砖木结构的红色两层楼房，以花岗岩砌成台基，屋顶正中有高耸的望楼，整个建筑古朴、典雅。旧址的内部格局，模仿了近代西方国家议会会堂的建筑风

辛亥革命武昌起义纪念馆

格。大楼平面呈“山”字形，后方正中是会议厅，前方两翼为门厅和办公室，会议厅呈方形。旧址的后面是一座西式两层楼房，为咨议局的议员公所。旧址建于1910年，共耗白银10万余两。1911年10月10日，辛亥革命武昌起义一举成功，翌日，革命军在这座大楼成立了湖北军政府。孙中山的革命主张首先在湖北得到实现。

1912年4月9日，孙中山应副总统、湖北都督黎元洪的邀请，从上海前来武汉视察。这天，武汉商会、民社、商团、自由党、社会党、义成社、实业团、赤十字会、武汉报界联合会等15个团体，联合组成欢迎团欢迎孙中山。黎元洪派第二镇统制王国华、第四镇统制蔡汉卿前往汉口码头迎候。当孙中山一行乘坐的“联鲸”“湖鹗”两轮靠岸时，汉口码头一片欢腾。孙中山转乘黎元洪预备的“裕川”轮过江到达武昌。与他同行的有夫人卢慕贞、儿子孙科、女儿孙娫和孙婉以及宋子文、胡汉民、汪精卫、景耀月、程明超等。孙中山一行登岸后，改乘马车由汉阳门入城，经长街（今解放路）直达湖北军政府——红楼。黎元洪等人在大门前的阅马场迎接孙中山。孙中山一行进入军政府略事休息后，一起进餐。餐毕，孙中山一行前往武昌胭脂山静养楼行辕下榻。4月10日晨，黎元洪亲临

孙中山与湖北军政人员合影

行辕向孙中山问候，并请孙中山等人前往湖北军政府出席欢迎会。当孙中山与黎元洪同坐的马车到达都督府门前时，都督府所属各司、镇、军事学校的文武官员以及水师统领等300余人列队欢迎孙中山。孙中山向大家挥手致意。在黎元洪的陪同下，孙中山一行步入红楼军政府大礼堂。在一片热烈的掌声和欢呼声中，孙中山兴致勃勃地走上讲台，对大家说："民国成立，咸感幸福，推本溯源，都是在座的同志们首先'光复'武汉的功劳，我个人，躬逢其盛，也觉得十分荣幸。"接着，他向湖北各界代表做了题为《共和与自由之真谛》的长篇演说。他在演说中指出：此次革命乃国民的革命，乃为国民多数造幸福。凡事以人民为重，军人与官吏，不过为国家一种机关，为全国人民办事，不得借口于共和与自由，破坏纪律。"盖在政治机关，（凡）百执事，按级供职，必纪律严明，然后能收身使臂、臂使指之效。必收此效，然后可以保全人民领土，与列强相竞争。"随后，孙中山来到军政府二楼会客室会见了军政府官员以及湖北同盟会支部成员，并同他们在后花园合影留念。4月12日晚，孙中山又一次来到军政府出席告别宴会。席间，孙中山指出湖北今后的任务，再一次阐述了他将大办实业的设想。

湖北军政府旧址作为辛亥革命遗址，在新中国成立后，一直受到人民政府的重视和保护。1961年被列为首批全国重点文物保护单位。1981年辛亥革命70周年时，在此设立了辛亥革命武昌起义纪念馆，馆名为宋庆龄亲笔题写。馆内还将孙中山当年讲演的军政府大礼堂和孙中山驻鄂会客室等处进行了复原陈列。1983年、1984年和1986年，人民政府曾三次拨款计100多万元对旧址进行了维修。1986年孙中山先生诞辰120周年之际，馆内举办了“孙中山先生生平事迹展览”，供人们参观学习。

武昌胭脂山静养楼

武昌胭脂山静养楼即武昌三道街旧盐道衙门，是辛亥革命时期湖北同盟会支部所在地。1912年4月9日，孙中山抵鄂时曾在这里下榻。在这幢楼内，孙中山利用休息时间接见了湖北同盟会支部的负责人。孙中山说，我倡导革命，是以四万万同胞的力量推翻清朝腐败恶劣的政府为宗旨。现在不要因为我解职了，便放弃革命。革命是我们的天职。天职是什么？就是完成全国统一，发展民生实业，提高国际地位，促进国家富强，我们要依此目的而行，才能巩固中华民国的基础。他还说：“尤其是党内，同志要化除一切意见，互相团结，团结才能产生力量，才能不被敌人所软化所瓦解，才能使事业达到成功。”

随着武汉城市建设的发展，现在静养楼处已被辟为公路，取名胭脂路。

楚望台

辛亥革命武昌起义的战略重地楚望台，位于武昌梅亭山，现为中国人民解放军某部炮兵驻地。1912年4月10日，孙中山带着“调查战迹，凭吊忠魂”的感情来到楚望台参观访问，给武昌起义志士以极大的鼓舞。楚望台原名楚王台，相传是明太祖朱元璋的第六子朱桢在此为王时所建。朱桢思念父母时，就站在台上遥望京城，山呼万岁。清朝末年，湖北新军军械库由武昌三佛阁迁移到此地。库内存放着德国、日本以及汉阳造步枪数万支和大量弹药，是当时国内和远东最大的军火库之一，由湖北新军工程第八营看守。1911年10月10日夜，革命党人熊秉坤首先在工程第八营营房发难，打响了武昌起义第一枪。接着，他带领全营40多名士兵冲上楚望台，与守卫军械库的本营士兵一道，占领了这一战略要地。由于起义前湖广总督瑞澂恐士兵造反，收缴了士兵们的子弹，起义军将库存的枪弹取出后，武装了自己，连夜攻克了湖广总督衙门，占据了武昌城，取得了武昌首义的胜利。

现在，楚望台军械库的原建筑已被毁，但遗址犹存。遗址处立有一座高2米、宽1.2米的红砖水泥砌成的保护标志碑，上刻“湖北省文物保护单位”字样。

中山舰

中山舰原名永丰舰，是一艘总重836吨的炮舰，为清政府向日本三菱长崎制船所订造。作为中国近现代史上的一艘名舰，中山舰自加入中国海军以来，历经“护国运动”“护法运动”“孙中山广州蒙难”“中山舰事件”和“武汉保卫战”等重大历史事件，成为我国近现代史特别是国民革命史的重要见证。

三菱长崎制船所于1910年12月13日开始动工制造永丰舰，1911年6月5日下水，1913年1月9日完工后交货给中华民国海军，编入第一舰队。

1922年6月16日，陈炯明的部队在广州发动政变，孙中山被迫退出广州，登上停泊在广州湾的永丰舰上，一直坚持了54天，指挥讨伐陈炯明。1925年4月，永丰舰改名为中山舰，以纪念孙中山广州蒙难事件。

1938年10月，中山舰在保卫武汉的战斗中，被日军击中，沉入

中山舰

孙中山、宋庆龄在中山舰上留影

长江江底，25名海军将士壮烈殉国。1997年1月，中山舰被打捞上岸。这艘经历了一个世纪风风雨雨的名舰终于重见天日。

1999年6月，中山舰由湖北省政府移交武汉市政府管理。根据国家文物局“修旧如旧，恢复原貌”的精神，1999年11月，中山舰在湖北船厂开始舰体的修复保护工程。2001年12月，在武汉举行了中山舰（舰体）修复保护工程竣工仪式。修复后的中山舰，恢复了1925年命名为中山舰时的原貌，并保留了1938年“武汉保卫战”中被日机炸沉的历史痕迹，体现了中国人民不屈不挠、英勇奋斗、前仆后继和自强不息的民族精神。

中山舰是我国目前最大的可移动性文物。该舰整体打捞出水时，随之出水各类文物3400件，其中，一级文物就有50件（套）。2002年12月以来，中山舰出水文物先后到广州市、中山市和香港地区进行了展出。

奥略楼

奥略楼位于武昌黄鹄矶上。此地原为黄鹤楼遗址。1907年，湖广总督张之洞调任北京军机大臣后，湖北学界为纪念张之洞在鄂的功绩，建此楼。该楼初名风度楼，取《晋书·安平献王传》中“风度宏邈，器宇高雅”之意。后按张之洞的意见改为奥略楼，取《晋书·刘弘传》中“恢宏奥略，镇绥南海”之意，并由张之洞亲书匾额挂于楼上。奥略楼是当年武汉的名胜。1912年4月10日，孙中山旅鄂时带着他的随员来到黄鹄矶，登上奥略楼游览。站在奥略楼上，孙中山观看晴川阁，寻找鹦鹉洲，纵目滚滚长江水，俯视三镇武汉城，感到心中格外清爽。随后，孙中山仔细观看了对峙江边的龟山、蛇山，提出了在二山之间修建一座大桥，以此连接武汉三镇的设想。

孙中山游览奥略楼，使在此游览的群众激动万分，他们纷纷涌向孙中山。孙中山向大家招手致意，并发表了演说。他说：“现在是民国时期了，大家要有主人翁的思想，尽一个公民的义务。要以最大的热心，最大的毅力，把中华民国建设成世界上的第一等民国。”孙中山一行游览了奥略楼后，在楼前合影留念。最后，孙中山还参观了抱膝亭、吕祖阁、“鹅”字碑及其他碑刻，直到黄昏时分，才离开黄鹄矶奥略楼。

湖北布纱丝麻四局

湖北布纱丝麻四局遗址位于武昌紫阳路西段，今武昌造船厂和武汉市第二机床厂内。1912年4月10日下午，孙中山视察四局并做了重要谈话。

湖北布纱丝麻四局是湖北织布官局、湖北纺纱官局、湖北缫丝官局和湖北制麻官局的统称，它是张之洞督鄂时创办的。四局于1890年动工，1906年最后完工，工期16年，耗银316万两，占地246亩。1902年，四局改为商办，先后由应昌、大维、楚兴、楚安、开明、福源、民生等公司承租经营。1938年由湖北省政府收回官办。由于日寇入侵，省政府将部分机器迁往陕西宝鸡，其余机器与厂房被日本侵略者破坏。

1912年4月，孙中山视察四局时，这里由于没有选好承包人已经停工。这与孙中山兴办实业、实现民生主义的理想相违背。孙中山对四局做了全面巡视后，询问了四局自开办以来的生产情况。他感到四局规模大，设备完好，这样停止生产，实在太可惜。他反复叮嘱陪同视察的督府官员转告黎元洪，尽快选好承包单位，让四局赶快投入生产，为建设民国做贡献。

熙泰茶栈

熙泰茶栈位于原汉口英租界，现汉口沿江大道。该茶栈为广东商人所办，其主人热心社会活动，对孙中山无比敬仰。1912年4月11日，夏口公署在此设立会场，欢迎孙中山一行。孙中山来到会场，在热烈的掌声中发表了演说。孙中山在演说中高度赞扬了武昌首义的历史功绩，同时指出当前的任务是兴办实业，完成民生主义，并希望湖北各团体联合起来，加强团结，同心协力帮助政府改革政治，振兴国家，不能自相纠缠，争论不休。否则，必然生出故端，产生不良的恶果。孙中山的演说极大地鼓舞了湖北革命志士。在热烈的气氛中，孙中山一行还出席了夏口公署举办的欢迎宴会。

龟山

龟山位于武汉长江北岸的汉阳区境内，与大江对岸的蛇山相峙立，人称龟蛇二山。龟山有着悠久的历史和美丽的传说。辛亥革命武昌起义后，这里是阳夏战争的主要战场之一。革命军在此与清军浴血奋战，流血牺牲，谱写出新的篇章。1912年4月11日，孙中山旅鄂期间，亲自带着他的随员登上龟山，视察革命军用过的大炮，凭吊在此牺牲的革命烈士。

现在，龟山树木葱郁，鸟语花香，成为武汉人民的游览胜地。山的西端，建有共产党人向警予烈士墓；山的东头建有龟山电视塔，在东端山脚下，辟有晴川阁公园，古老的晴川阁耸立其间，公园旁新建有一座24层楼的晴川饭店。1985年，孙中山先生的战友黄兴先生的铜像也由武昌桥头南侧迁入龟山东麓。

武昌湖南会馆

武昌湖南会馆位于武昌先贤街，今红楼右后侧的山上。1912年4月12日，孙中山在这里出席同盟会湖北支部召开的欢迎会。孙中山在黎元洪的陪同下，乘马车来到会场。上午11时，会议在热烈的气氛中开始。孙中山在会上发表演说。他在演说中阐述了三民主义思想。他认为民族革命的第一步已经完成，民权革命的目的，差不多达到十分之八九了，只有民生问题最为复杂。民国建设将要开始，阻碍就来了，希望会员同志们和海内外同胞齐心协力，急起直追，务必达到目的而后已。

汉口六大堆

汉口六大堆位于汉口球场路口的辛亥首义烈士陵园内。这里埋葬的是辛亥革命时期阳夏保卫战中牺牲的革命烈士。

1911年10月27日，起义军退至汉口大智门，战斗从市郊进入了市内。大智门顿时成为敌我双方激战的阵地。28日，清军从汉口刘家庙出击。起义军各部队在代理协统谢元恺的带领下，在大智门隐蔽待敌。等待清军接近起义军200至300米时，起义军一起冲出，与清军进行白刃战。战斗进行了一天一夜，重创了清军。29日清晨，有了援兵的清军再次由刘家庙猛击大智门，起义军伤亡很大，仅两天的战斗，起义军阵亡人数就达2000余人。汉口城内尸骨满地，血流成河。战斗结束后，人们将烈士遗体埋葬成6个大坟墓，称为“六大堆”。其实，在陵园的左角还有一个小堆，陵园内的墓葬实际上有7座。

孙中山对辛亥首义中革命志士英勇杀敌、勇于牺牲的事迹早有所闻。1912年4月18日，他巡视武汉三镇即将离鄂之前，亲自带领随行人员来到汉口六大堆吊唁革命烈士，以寄托自己的哀思。

汉口古德寺

汉口古德寺位于汉口解放大道下段，黄浦路上滑坡21号。这里是辛亥革命时期阳夏战争的战场，许多革命志士在这里流血牺牲。1912年4月13日，孙中山专门带领随员到此凭吊革命烈士，赞扬烈士的高尚品德和不朽精神。汉口古德寺创建于1877年。辛亥革命后，对原来的大殿和各殿廊庑进行了改建，改名古德禅寺。1921年后，开始对整个殿堂进行全面维修，历时13年，才修葺完毕。

汉阳兵工厂

汉阳兵工厂位于汉阳龟山脚下。1912年4月13日，孙中山视察了该厂，并做了重要谈话。

汉阳兵工厂，原名湖北枪炮厂，1894年张之洞督鄂时创办。该厂原与汉阳铁厂合在一处，后分开独立经营。其规模较大，机器较新。该厂设有炮厂、枪厂、炮架厂、炮弹厂、枪弹厂等工厂，雇工1200人。1898年又增设炼铁厂、无烟火药厂，后并入枪厂和炮厂。整个设施共用白银70多万两。该厂初由德国人掌管，后落入日本人之手。1908年改名汉阳兵工厂。清末时，该厂是全国军工厂中最好的厂家，生产的“七九”式步枪，被誉为“汉阳造”。该厂在抗战时迁往外地。抗战后，并入其他厂。

孙中山视察汉阳兵工厂的时间，正是阳夏战争结束不久的时候。在阳夏战争时，该厂的工人为革命做了很多贡献。孙中山在该厂讲话时说：现在革命还未成功，以后还有许多工作等待大家去做，希望大家继续奋斗，好好工作，为革命做出更大的贡献。

* * *

南京是孙中山革命理想的实现之地。孙中山一生为革命奔走呼号，足迹遍及海内外，他在南京虽然仅3个月左右，却对南京情有独钟。

辛亥革命推翻了中国两千多年的封建专制制度，建立了中国历史上第一个资产阶级共和国。1911年12月29日上午，各省代表在南京举行筹组临时政府的会议，到会代表17省共49人，投票选举临时大总统，每省1票，共17票，开票结果，孙中山以16票的绝对多数，当选为中华民国临时大总统。1912年1月1日，孙中山在南京宣誓就任中华民国临时大总统，定都南京。

就任临时大总统前的孙中山

孙中山就任临时大总统后，立即组成了临时中央政府，颁布了一系列扫除封建余毒、有利于巩固民主共和及发展经济的政策法令。

在保护人民权利方面，宣布人民享有选举、参政以及居住、言论、出版、集会、信教等权利；命令各官厅焚毁刑具，禁止刑讯体罚，赈济灾民；通令保护华侨，严禁贩卖人口，解放“疍户”“惰民”等所谓“贱民”，废除奴婢卖身契约和一切主仆名分，宣布赋予广大妇女具有同男子完全平等的各项权利。

在除旧布新方面，禁止吸食和种植鸦片；革除官场中“大人”“老爷”的称呼，政府称以官职，民间则称“先生”或“君”；限期剪辫；禁止缠足；废除跪拜礼节。

在刷新吏治方面，严禁官员徇私枉法，改革官制，求贤任能。

在改革教育方面，提倡普及教育，禁用清政府学部颁行的教科书，取消在学校祭礼读经，提出了国民教育、实利主义教育、公民道德教育、世界观教育及美感教育作为教育方针，培养共和国的新型国民。

在发展经济方面，颁布了保护工商业的条例，废除了清代的一些苛捐杂税，鼓励华侨回国投资。在制定具体施政纲领的同时，1月

临时大总统府办公室外景

孙中山主持召开第一次内阁会议

孙中山墨迹

28日，临时政府正式成立了参议院，林森任参议院议长。

参议院制定并通过了《中华民国临时约法》。《临时约法》共7章56条，在总纲中规定：中华民国之主权属于国民全体，这就从法律上否定了中国两千多年来把国家视为君主私有财产的封建帝制。在《附则》中规定：宪法未实行以前，本约法之效力与宪法等同。《临时约法》在我国的法制建设史上，是一个很重要的历史性文件，具有资产阶级共和国宪法的性质。

孙中山认为辛亥革命后，民族主义已经达到，接下来就是如何实现民权和民生了，所以，以上措施的制定是为了实现民权和民生两大目标。但是，当时的国内局势仍然十分紧张。北方仍是清朝统治范围，全国存在着南北两个对峙的政权。为实现全国的和平统一，孙中山在袁世凯许诺逼迫清帝退位、建立共和国后，以大局为重，毅然辞去了临时大总统的职位。卸职后，他以为民族主义和民权主义的目标已经达到，便致力于民生主义的宣传，提倡在中国兴办实业、修筑铁路，并为此前往国内各地和日本访问考察。

孙中山在南京就任临时大总统虽然只有短短的3个月，但却是他的理想、他多年为之奔走呼号奋斗的目标得以实现的3个月。因此，孙中山不仅钟爱南京的山水，也对南京怀有非常深厚的感情。1918年他在《建国方略》中称赞道：“南京为中国古都，在北京之前，而其位置乃在一美善之地区。其地有高山，有深水，有平原，此三种天工，钟毓一处，在世界中之大都市诚难觅如此佳境也……南京将来之发达，未可限量也。”1912年3月10日，孙中山在南京任临时大总统时，曾与胡汉民、郭汉章等人到紫金山行猎。他看到这里背

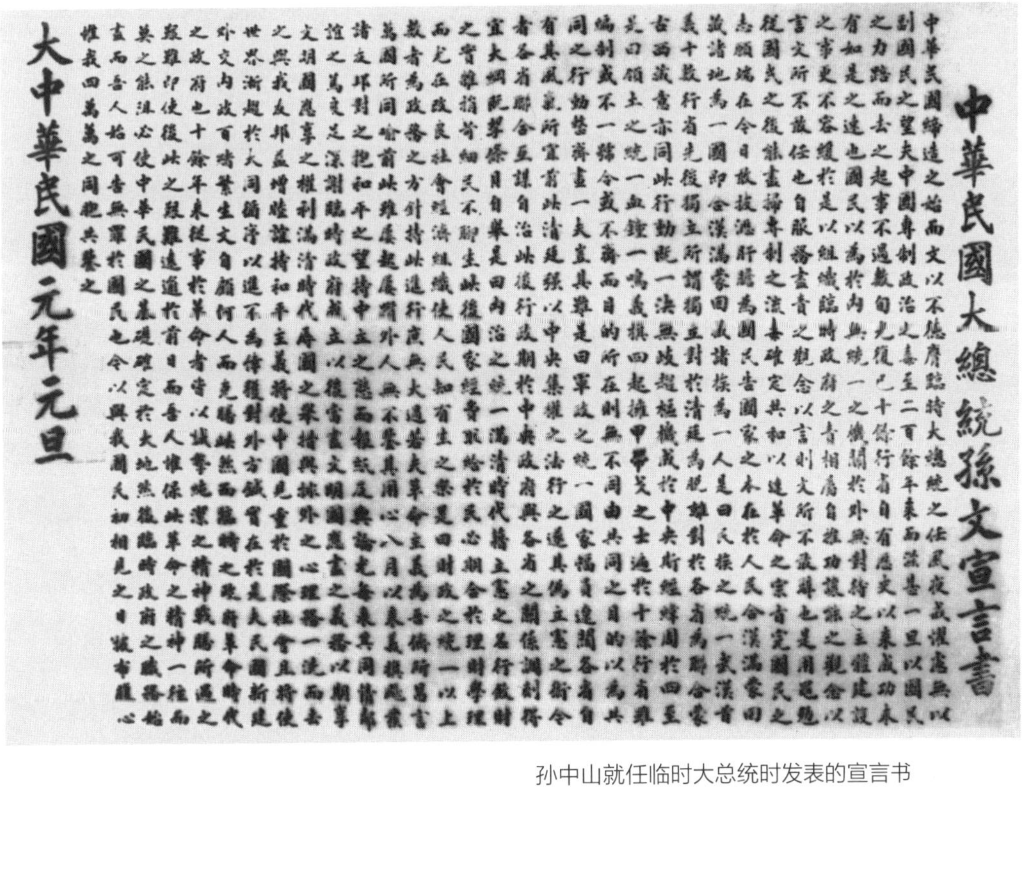

中華民國大總統孫文宣言書

中華民國締造之始而文以不德膺臨時大總統之任夙夜戒懼慮無以副國民之望夫中國專制政治之毒至二百餘年來而滋甚一旦以國民之力踣而去之起事不過數旬光復已十餘行省自有歷史以來成功未有如是之速也國民以為於內無統一之機關於外無對待之主體建設之事更不容緩於是以組織臨時政府之責相屬自推功讓能之觀念以言文所不敢任也自服務盡責之觀念以言則文所不敢辭也是用黽勉從國民之後能盡掃專制之流毒確定共和以達革命之宗旨完國民之志願端在今日敢披瀝肝膽為國民告國家之本在於人民合漢滿蒙回藏諸地為一國即合漢滿蒙回藏諸族為一人是曰民族之統一武漢首義十數行省先後獨立所謂獨立對於清廷為脫離對於各省為聯合蒙古西藏意亦同此行動既一決無歧趨樞機成於中央斯經緯周於四至是曰領土之統一血鐘一鳴義旗四起擁甲帶戈之士遍於十餘行省雖編制或不一號令或不齊而目的所在則無不同由共同之目的以為共同之行動整齊畫一夫豈其難是曰軍政之統一國家幅員遼闊各省自有其風氣所宜前此清廷欲以中央集權之法行之遂其偽立憲之術今者各省聯合互謀自治此後行政期於中央政府與各省之關係調劑得宜大綱既挈條目自舉是曰內治之統一滿清時代藉立憲之名行斂財之實雜捐苛細民不聊生此後國家經費取給於民必期合於理財學理而尤在改良社會經濟組織使人民知有生之樂是曰財政之統一以上數者為政務之方針持此進行庶無大過若夫革命主義為吾儕所倡言萬國所同喻前此雖屢起屢躓外人無不鑒其用心八月以來義旗飆發諸友邦對之抱和平之望持中立之態而報紙及輿論尤每表其同情鄰誼之篤良足深謝臨時政府成立以後當盡文明國應盡之義務以期享文明國應享之權利滿清時代辱國之舉措與排外之心理務一洗而去之與我友邦益增睦誼持和平主義將使中國見重於國際社會且將使世界漸趨於大同循序以進不為倖獲對外方針實在於是夫民國新建外交內政百緒繁生文自顧何人而克勝此然而臨時之政府革命時代之政府也十餘年來從事於革命者皆以誠摯純潔之精神戰勝所遇之艱難即使後此之艱難遠逾於前日而吾人惟保此革命之精神一往而莫之能阻必使中華民國之基礎確定於大地然後臨時政府之職務始盡而吾人始可告無罪於國民也今以與我國民初相見之日披布腹心惟我四萬萬之同胞共鑒之

大中華民國元年元旦

孙中山就任临时大总统时发表的宣言书

1912年3月，孙中山与随行人员在紫金山行猎时留影

负青山，前临平川，气势十分雄伟，曾笑对左右说："待我他日辞世后，愿向国民乞此一抔土，以安置躯壳尔。"1925年3月12日，孙中山在临终前再次嘱咐宋庆龄等人："吾死之后，可葬于南京紫金山，因南京为临时政府成立之地，所以不可忘辛亥革命也。"

南京孙中山临时大总统府

南京孙中山临时大总统府位于长江路292号。1912年元旦，孙中山从上海乘专车来到南京，当晚10时，在这里举行了临时大总统的就职典礼，庄严宣告中华民国临时政府正式成立。

临时大总统府原址分办公室和起居室两部分。办公室原是清朝两江总督端方在天王府西花园西侧建造的花厅，为巴洛克风格建筑，内有临时大总统会议室、会客室、办公室和休息室，孙中山就是在此宣誓就任中华民国临时大总统的。起居室在西花园东北部，是一幢面阔三间的两层木结构小楼。

临时大总统府的大门外有东、西辕门，两侧设有揭示处。凡来临时大总统府投递呈件者，分别由总统秘书回答，揭示于此，三日为限，过期揭去。新政府的大部分机构都设在这个大院子里，便于紧急磋商问题。大堂后面设有值日办公室，凡来谒见孙中山先生者，在此登记，然后引至会客室与孙中山会面。大堂前东首一带廊房内驻有新编二十六团的第一营、第二营士兵，负责保卫总统府的安全。

清廷虽被推翻，但当时全国的政治形势仍然非常紧张。袁世凯在帝国主义的支持下，凭借手中的军事力量，窃取了革命果实。1912年4月3日，辞去临时大总统一职的孙中山，离开了南京，由黄兴担任南京留守，负责处理一切善后事宜，留守府就设在原临时大总统府内。

此后不久，江苏都督程德全由苏州移驻南京，以原留守府为都督府。1913年7月，袁世凯派人暗杀了宋教仁，广东、湖南、江西、安徽四省都督通电讨袁。南京方面也表示支持，公推黄兴为讨袁军总司令，以原临时大总统府为讨袁军司令部所在地。

讨袁失败后，1913年秋天，袁世凯委派张勋为江苏都督，把这里占用为都督府。1914年1月，冯国璋代替张勋任江苏都督。第二年秋天，都督府内失火，将原来三门以内的三进七开间房屋烧毁，由冯国璋出款维修，改建为新式房屋，改变了原貌。

南京孙中山临时大总统府办公室外景

南京孙中山临时大总统府办公室内景

1916年袁世凯死后，黎元洪继任总统，冯国璋被推为副总统，兼任江苏督军，于是督军署改称为副总统府。

1948年5月，蒋介石在此就任总统，这座大院遂改名为“总统府”。1949年1月21日，蒋介石宣布“下野”引退，并于当日下午离开总统府，登机回奉化。

在国民政府统治时期，曾于1929年在西花园水池北端盖了一幢西式大楼，作为军事委员会参谋本部办公室。1930年，又将大门外东、西辕门拆掉，扩建国府路，将旧式的大门改建成西式楼门，楼

孙中山与军政人员在临时大总统府办公室前合影

上作为卫兵的住所及望台，门楼上嵌了“国民政府”字样。1948年夏天，门楼上改嵌“总统府”三字。门内东、西两排平房为国民政府警卫队的宿舍。大堂上面悬挂孙中山手书“天下为公”匾额。大堂两侧的房屋为外收发室，大堂后走道西侧为交际股，东侧为参军处会客室。

大堂后为中堂，其西南为大礼堂，接见外国使节及呈递国书的仪式就在这里举行。中堂东首为参军长办公室，西首为参军处办公厅。当时参军处分设军务、典礼、总务三局，军务局设于西花园内桐音馆及其后面两进房屋中。中堂后走道两侧的房屋也是参军处办公室。在后一进东首为蒋介石接待外国使节呈递国书时的休息室；西首为蒋介石的外宾会客室。

1912 年，辞去临时大总统的孙中山

由此往后，穿过一道方形大门，为水磨石路面的甬道，两旁均有木栏杆。道中有红漆双扉大门，名曰麒麟门，两侧各有可供单人行走的小道。此门为蒋介石通过之处，平时紧锁，每逢蒋介石来到之前，戒备森严，先鸣电铃三响，大小职员必须回避，红门大开，待蒋介石跨过以后，立即关闭。平时，院长、部长也只能沿两边小道出

国民政府外景

入。此门于1950年拆除，门臼犹存。

国民政府溃败前，蒋介石下令铁路局开专车到长江路车站，花了几天时间将室内家具及重要档案全部运往台湾。

南京解放以后，这里一度是江苏省人民政府和省政协办公的地方。目前，总统府建筑群已修葺一新，各种历史文物的专题陈列也布置完毕，新成立的南京中国近代史遗址博物馆已对社会全面开放，前来参观的各地游人络绎不绝。

八、巨擘绘画——上海、福建

1919年，孙中山摄于上海

孙中山出生时，上海已经是中国最大的通商口岸。可以料想，孙中山在具有初步的中国地理和世界地理常识的时候，已经知道了在中国东部、长江尽头处，有一个上海。

在上海，孙中山对于建设一个富强民主的中国，作了呼之欲出的全方位的目标设定。尤为可贵的是，这些思想主张又和现代化理论所确定的基本指标体系，有许多相似之处，孙中山不愧是一位高瞻远瞩的政治家与思想家。

孙中山的名字第一次出现在上海，是他在上海出版的《中西教会报》上发表了一篇题为《教友少年会纪事》的文章，介绍了他在香港发起组织教友少年会的情况。孙中山第一次真正来到上海，是在1885年。那年4月，19岁的孙中山从檀香山经日本来到上海，然后回广东老家。到上海后，他曾到江苏海州巡游七八天，考察地理形势。1894年春天，他第二次到上海。这次是与好友陆皓东一起从广东来上海，住在三洋泾名利客栈，访问了海上名人王韬和郑观应，并请王韬润色了那封著名的《上李鸿章书》，结识了宋耀如等人。

此后，在1895年、1900年、1905年、1906年、1907年、1910年，孙中山因奔波革命事业，多次路经上海，大多来去匆匆。

护法运动失败后，孙中山被迫离开广州，经日本回到上海。回到上海后，孙中山住在莫里哀路29号（今香山路7号），认真回顾了自己30多年的革命经历。回想当初进行革命的目的，是为了救国救民。中华民国成立后，孙中山原以为从此可以实现他的革命初衷，实行三民主义、五权宪法以及他当年制订的种种计划，使中国富强起来，达到振兴中华的目的。不料辛亥革命后，正当他想大力推行民生主义、实现他的抱负的时候，许多革命党人却认为他的理想太高，不适合中国之用。孙中山经过反复思考，认为许多革命党人之所以把他的理想当成空谈，是中了“知易行难”思想的毒害，即

孙中山在上海的寓所

“知之非艰，行之惟艰”之说。所谓“知易行难”，即说说是容易的，真正做起来却是很难的。孙中山早在博济医学堂求学时代，就曾和老师讨论过“知易行难”还是“知难行易”的问题，这时候，他更加感到统治中国人思想的“知易行难”是蛊惑人心的大敌，要继续革命下去，就必须要驳倒“知易行难”理论。

为此，孙中山决定“先作学说，以破此心理之大敌，而出国人之思想于迷津，庶几吾之建国方略，或不致再被国人视为理想空谈也。夫如是，乃能万众一心，急起直追，以我五千年文明优秀之民族，应世界之潮流，而建设一政治最修明、人们最安乐之国家”。

正是在这种思想的指导下，孙中山于1918年至1919年间，在上海发奋读书，闭门著书，写成了《孙文学说》，即《知难行易学说》，作为《建国方略》的第一部——《心理建设》。《孙文学说》是孙中山的一部有代表性的哲学著作，集中反映了他的哲学思想。在这部著作中，孙中山从孰难孰易的角度，论证了“知”与“行”，即“理论”与“实践”的关系。孙中山认为，人类的一

1918 年，孙中山在上海寓所著书时的留影

孙中山墨迹

切知识都是从实践开始的，“先行后知”是人类活动的普遍规律。“知”来源于“行”，因此，“行”较“知”容易。为了说明这个问题，孙中山列举了饮食、用钱、作文、建屋、造船、筑城、开河、电学、化学、进化10件事，以证明“知难行易”是世界上一切事物的客观规律，否定“知易行难”说。正因为“行”易而“知”难，所以孙中山主张大胆“行”，即大胆实践。他认为要想把国家建设富强，不必先在理论上下很大功夫，用理论的框框约束自己，而应该大胆实践，勇于探索，摸着石头过河。所以他说：“予之所以不惮其烦，连篇累牍以求发明行易知难之理者，盖以此为救中国必由之道也。”

1921年6月，孙中山在广东省第五次教育会议上的讲话中又进一步说道：“中国人有一种心理，不知之事便不肯做，必知之已真，然后为之。”又说：“中国今日不必去求知，但望其有一种可强中国之信仰足矣，有强中国之志足矣。”

孙中山的这种观点，并不是否认理论的重要作用。他说：“先行后知，进化之初级也。先知后行，进化之盛轨也。”又说：“能知必能行。”即有了正确的理论，一定能指导实践。但是，问题在于“知”难而“行”易。要把“知”弄通了再去“行”，势必要花费一番很大的工夫，而且，即使弄通了“知”，这种“知”是不是真知还需要由实践来检验，未经实践检验之前，并不能预知这种理论是否正确。所以，最便捷的办法就是“不知而行”，大胆实践。

《孙文学说》一书完稿于1919年4月。当孙中山兴奋地联系出版时，却遇到了不少困难。他先与上海商务印书馆联系，但商务印书馆却以“政府横暴，言论出版太不自由，敝处难与抗”为由，婉言拒绝了。孙中山不得已，只得自己掏钱，找华强书局印刷。当年6月，《孙文学说》终于问世，胡适立即在《每周评论》第31期上，发表了一篇《〈孙文学说〉之内容及评论》的文章，向读者推荐该书。上海《民国日报》也在显著位置对该书做了介绍，题为《破天荒之学说，救国之良药》。

《孙文学说》完稿后，孙中山又以满腔的爱国热忱，花费巨大精力撰写《实业计划》一书，即《建国方略》的第二部——《物质建设》。原稿为英文，中文《实业计划》则由朱执信、廖仲恺、林云陔、马君武等人从英文翻译，首先在《建设》月刊和《民国日报》上连载，后来由上海民智书局出版。

孙中山辞去临时大总统后，奔走于大江南北，考察各地的地理情况，思考中国的经济发展问题。这时，第一次世界大战已经结束，欧洲各国都致力于医治战争创伤。战争期间，军费开支逐年猛

1922 年，孙中山与宋庆龄在上海合影

增。孙中山认为，战后各国都面临着解决过剩资本的出路问题，而中国的建设需要资金，他希望能趁此机会向各国游说，请各国把资金投入中国的资源开发，帮助中国实现经济现代化。为此，他用英文撰写了《实业计划》一书。在撰写的过程中，孙中山陆续将写好的部分寄给国外的有关机构和人士，如将第一部分以《国际共同发展中国实业计划书——补助世界战后整顿实业之方法》的英文稿，寄给各国政府和巴黎和会，后又寄给美国驻华公使芮恩施、美国商务总长刘飞尔、美国名士安德生、意大利陆军大臣嘉域利亚等，希望能引起他们的重视。

孙中山在《实业计划》中提出，借助外国的资金、设备和技术，发展中国的实业，必须遵循“发展之权，操之在我则存，操之在人则亡”的原则，这是“此后中国存亡之关键”。

孙中山在《实业计划》中绘制的北方大港

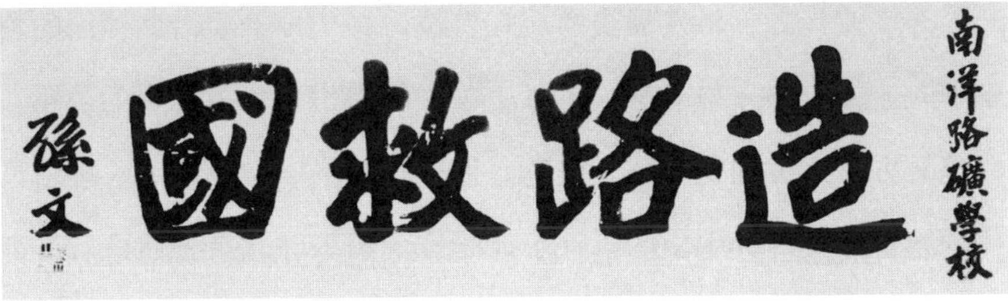

孙中山墨迹

在《实业计划》中，对于中国未来的经济结构，孙中山提出应包括公有制和私有制两种经济体制。他说：“中国实业之发展，应分两路进行：一、个人企业；二、国家经营是也。凡夫事物之可以委诸个人，或其较国家经营为适宜者，应任个人为之，由国家奖励，而以法律保护之……至其不能委诸个人及有独占性质者，应由国家经营之。”

孙中山的这一观点经过新中国成立后几十年的实践，证明是有远见的，至今仍然有着积极的意义。

孙中山很早就认识到发展交通对于振兴实业的重要作用，他说：“一国文明的起点，全在人民知道修路。若到文明大发达的时候，必然全国人民都知道修路。”又说：“交通为实业之母，铁道又为交通之母。国家之贫富，可以铁道之多寡定之，地方之苦乐，可以铁道之远近计之。”早在孙中山辞去临时大总统之后，他就致力于全国的铁路建设，亲自规划了《全国铁路计划图》，计划在10年内建造20万公里铁路。

《实业计划》将发展交通放在首位，孙中山希望借助外国的资本和人才，在10—20年内修筑10万英里的铁路和100万英里的公路，兴建北方、东方和南方三大巨港。他亲自绘制了17幅地图，规划具体的建设方案。孙中山的第一个计划寄到美国驻北京公使馆后，美国驻华公使芮恩施立刻派专家到孙中山制定的北方大港地点实地测量，果然发现该地确实是华北沿海最适宜建筑大型港口的地方。

《实业计划》是孙中山亲自设计的一幅中国现代化的宏伟蓝图，其中的许多构想至今对于我们建设社会主义现代化强国都具有重要的参考意义。例如在改良长江上游的计划中，孙中山最早提出了在长江三峡建造水坝的设想。

在《实业计划》中，孙中山还对发展钢铁、煤炭、电力、机械、水泥等重工业以及治理河流、兴修水利，发展农、林、牧各业，发展纺织业、食品加工、印刷等轻工业提出了许多具体的设想，并规划移民东三省、内蒙古、新疆、青海、西藏等边远地区，建设边疆。

《实业计划》反映了20世纪初以孙中山为代表的中华民族的先进分子对中国近代化的强烈愿望，其设想之宏伟、规模之巨大、规划之具体，前所未有，至今观之仍令人赞叹不已。

《孙文学说》《实业计划》和《民权进步》（即《会议通则》）三本书，合起来称为《建国方略》，是孙中山为中国的未来精心构思的重要著作，凝聚了他一生的心血，反映了孙中山强烈的爱国之心。然而，革命尚未成功，同志仍须努力，孙中山的近代化构想无法在半殖民地半封建的旧中国得以付诸实践，这给他本人、给中华民族留下了深深的遗憾。但他不懈的斗争精神和宝贵的思想财富永远激励着后人为实现中华民族的独立与富强而奋斗！

上海孙中山故居

在上海繁华的淮海路以南，思南路东侧的香山路上（原莫里哀路），有一幢欧洲乡村式样的小洋房，这就是孙中山和夫人宋庆龄1918—1925年间在上海的寓所。

自1894年创建兴中会，孙中山就一直奔波于海内外策动起义、领导革命，自己却连个固定的住所都没有。为了支持孙中山的革命活动，旅居加拿大的华侨集资买下这栋住宅捐赠给他。这里是孙中山生活和从事革命活动的地方，也是他思想发展和飞跃的历史见证地。在这里，孙中山潜心研究革命理论，认真总结经验和教训，完成了《孙文学说》《实业计划》等重要著作；在这里，孙中山会见中国共产党和苏俄代表，重新解释三民主义，完成了他思想上的巨大飞跃；在这里，孙中山召开会议，着手改组国民党，酝酿了第一次国共合作；在这里，孙中山举行记者招待会，向国人发出和平统一祖国的号召……

1924年，孙中山应邀北上共商国是，次年3月12日病逝于北京。宋庆龄料理完孙中山的丧事后回到上海，继续在此居住。1937年，侵华日军占领上海，宋庆龄接受中国共产党的劝告，离开了这里。

抗战胜利后，宋庆龄将此寓所赠给国民政府，作为孙中山的永久纪念地。1949年，上海解放，人民政府接管了这里。1961年3月4日，故居成为国务院公布的首批全国重点文物保护单位之一。

现在故居内的陈设，绝大多数为孙中山和宋庆龄使用过的原件原物，并遵照宋庆龄生前回忆按20世纪二三十年代原样布置。楼下是客厅和餐厅，楼上是书房、卧室和小客厅，在书房和卧室前，有一间长方形的内阳台。楼旁是汽车间。楼前是一片草坪，周围环绕着冬青、香樟和玉兰等树木花卉。

故居客厅壁炉上方悬挂着孙中山1922年摄于上海的标准像，右侧是孙中山和宋庆龄与永丰舰（即中山舰）全体官兵的合影，对面墙上悬挂着孙中山1912年任临时大总统时的照片。1924年11月，孙中山北上经过上海时，曾在此举行记者招待会，向国人发出和平统一祖国的号召。

上海孙中山故居

故居餐厅正中是一套极具广东特色的红木餐桌和凳子，壁炉架上陈列着日本友

上海孙中山故居会客厅

上海孙中山故居书房

上海孙中山故居餐厅

人赠送的有300多年历史的日本宝刀，左侧琴桌上陈列着孙中山任中华民国军政府大元帅时的佩刀；此外，还有“醒狮”大理石、手摇留声机等许多孙中山当年使用过的珍贵文物。

故居书房是孙中山的办公场所，他曾在这里完成《孙文学说》《实业计划》等著作，还在这里会见中国共产党人李大钊、林伯渠和苏俄代表，商谈“振兴国民党以振兴中国之问题”。书房内悬挂的地图中有许多地方都留下了孙中山的笔迹。在书房和故居室内走廊上的书橱中，保存着孙中山的中外文藏书5000余册。故居的内阳台一侧挂着一幅孙中山和宋庆龄婚后在日本的合影，另一侧陈列着孙中山工作之余时常休息的卧榻以及留声机等文物。

故居的卧室布置简单、朴实。壁炉上方悬挂着孙宋夫妇1922

孙中山与宋庆龄在上海寓所前

年在上海的合影，对面墙上是一幅宋庆龄生前十分喜爱的苏绣——“猫”。

故居的小客厅为孙中山会见客人时所用。现在小客厅的壁橱内陈列着孙中山当年穿过的中山装和使用过的医疗器械、行军餐具、眼镜、票夹等十分珍贵的革命文物。

在故居楼前的草坪上，孙中山曾在此召开有共产党人参加的改组国民党的第一次会议。

上海孙中山故居是世人敬仰的革命圣地，党和国家领导人以及许多外国政府的首脑曾到这里瞻仰，每年都有数万外宾、海外侨胞、港澳台同胞和国内观众前来瞻仰。

每逢孙中山诞辰纪念日（11月12日）和逝世纪念日（3月12日），故居内外总是摆满鲜花，上海市领导、各界人士和孙中山家属怀着崇敬的心情前来瞻仰孙中山故居，缅怀孙中山领导人民推翻帝制、建立共和的丰功伟绩。

孙中山在中国近代史上写下了光辉的篇章。上海孙中山故居作为一个重要里程碑，将永远屹立在中国人民心中。

*　*　*

“坐而论道，谓之圣；身体力行，谓之贤。”孙中山不仅是伟大的思想者，也是身体力行的实践者。民国创建以后，为宣传民生主义，实现兴办实业、修筑铁路的理想，达到民富国强、振兴中华的目标，孙中山曾到太原、南昌、天津等地进行实地考察，在大江南北留下了他四处奔波的足迹。

1912年4月18日，孙中山来到了福建。

地处祖国大陆东南一隅的福建，有着独特的山川地理。这里山峦起伏，江河湍急，交通闭塞，古有“八闽”之称，是唐宋以来中原汉人举家南迁逃避战祸的好地方。中原耕读文化在闽越大地哺育了一代代志士人杰。远的不说，单单一部波澜壮阔的中国近现代史，就自始至终都有福建籍人士参与其中。禁烟英雄林则徐既有1840年的虎门壮举，又有“师夷长技以制夷”的气度胸襟；1898年戊戌变法“六君子”中最年轻的林旭在“百日维新”改良运动中尽展风采；广州黄花岗起义七十二烈士中写就一篇荡气回肠、侠骨柔情的《与妻书》的林觉民，堪称中国最浪漫的革命者、真正的男子汉；辛亥革命元老林森一生追随孙中山，奔波海内外募集革命资金，担任开国临时参议院议长，主持修筑中山陵，抗战时期任国民政府主席；还有《天演论》翻译者严复在国人顽固守旧的思想中掷下一枚“物竞天择，适者生存”的精神原子弹……福建八闽大地的英雄儿女们在孙中山领导的社会大变革中，积极投入，做出了重要贡献。

1912年4月1日，孙中山辞去了临时大总统职务后，准备到全国各地游历考察。时任南京临时政府参议院议长的福建籍革命党人林森立即发电给福建省都督府政务院，请他们火速来电邀请孙中山莅闽，认为“这可以给八闽大地蒙受无限荣光”。孙中山也很关注福建，惦念着为辛亥革命做出贡献的革命志士。于是，有了他一生仅有的一次福建之行。

4月18日早晨，孙中山一行乘坐招商局“泰顺”轮离开上海，于19日下午抵达素有“中国近代海军摇篮”之称的福州马尾港。4月20日一大早他就乘上颇有福建特色的夹板船，沿着秀丽的闽江口岸逆流而上，在南台岛海关埕登岸。一踏上福州的土地，他就来到设在仓前山梅坞桥南公益社内的同盟会福建支部，看望福建的同盟会会员。成立于1904年的桥南公益社曾作为福建革命党人从事反清革命活动的秘密机关，是辛亥革命“光复”福建的策源地。参加过广州黄花岗起义的生还义士和“光复”福州战役的人员欢聚一堂，聆听

孙中山与同盟会福建支部主要领导成员合影

1912 年 4 月，孙中山在福建军政洋务局与福建军政人员合影

孙中山在榕期间，受到旅闽广东同乡会的热烈欢迎

孙中山的教诲。孙中山还即席挥毫，亲笔为桥南公益社题写了“独立厅”三个大字。

孙中山参加了同盟会福建支部在大岭顶洋务局举行的招待午宴后，进城来到南门左侧的明伦堂，出席福建国民协会和福州各界代表的欢迎会。沿途，孙中山受到福州群众的夹道欢迎，掌声、鞭炮声响彻榕城上空。慰问黄花岗起义死难烈士遗族，是孙中山访闽的初衷之一。在一年前的广州黄花岗起义中，福建籍革命党人赴汤蹈火，功勋卓著。林文、方声洞等人壮烈牺牲的情景，“草木为之含悲，风云因而变色”；林觉民、陈更新等人慷慨殉难，表现了“惊天地，泣鬼神”的英雄气概。孙中山先生说：“黄花岗七十二烈士轰轰烈烈之慨已震动全球，而国内革命之时势，实以之造成矣。”所以，他对在此役中牺牲的19位闽籍烈士有着特殊的感情，深切怀念他们。在明伦堂休息室，孙中山亲切接见了陈更新的夫人王碧女士，知道她家境困难，当即赠送500银圆，表示抚恤。

接着，孙中山又前往位于贡院埕的福建省咨议局“至公堂”。他先是向列队欢迎的学生讲话，表达了爱惜鼓励青年之心；又向福建省军政官员发表了重要讲话。他说：现在我们虽然建立了民国，但这不过是革命事业的开始。要巩固民国的基础，解决民生问题，都必须靠同志们加倍努力，才能达到。黄花岗闽籍19位烈士壮烈成仁，是福建人民的光荣，希望闽人能完成烈士的未竟之志。在场人士听后受到巨大鼓舞，为能在福州直接感受到孙中山的风采而感到兴奋和激动。

这一天，孙中山还视察了都督府和政务院。当晚，他赴都督府参加晚宴后，又到东街浙江会馆出席旅闽共和实进会的欢迎会。快到午夜，孙中山一行才回到仓山太平巷的广东会馆休息，并为广东会馆写下了“勠力同心”4个字。

4月21日上午，孙中山会见各国驻福建领事和福建海关税务司官员，又赴仓前山天安堂出席耶稣教会的欢迎会。午后，台江港码头鞭炮声阵阵，鼓乐齐鸣，人们欢送孙中山上船离开福州市区。船到马尾后，孙中山一行在铁水坪登岸，视察了船政局轮机各厂，并在工程处接见船政局员工。当晚，在船政局储才馆的欢迎宴会上，孙中山感谢福建人民对他的热烈欢迎，并回顾了马尾船政局的艰难历程，期望“兴船政以扩海军，使民国海军与列强齐驱并驾，在世界成为一等强国”。

4月22日，孙中山登上开往广东的轮船，结束了短暂而难忘的福建之行。

孙中山访问福建，给八闽大地添加了无限荣光。福建人民为了纪念孙中山来闽，于1932年将贡院埕大街改名为中山路，至公堂改名为中山堂，表示永久怀念之意。1991年，中山堂被福州市人民政府列为市级文物保护单位，并命名为“福州中山纪念堂”。

福州中山纪念堂

福州中山纪念堂位于福州市中山路23号，是一座中西合璧的会堂式古建筑，这种风格的建筑在福建省内仅此一家。整座建筑平面呈方形，坐北朝南，厚重的砖石外墙结构，加上重檐歇山顶的屋架，使得纪念堂庄重古朴。纪念堂占地面积1600平方米，建筑面积2400平方米，局部两层，内有过厅、中央藻井式大堂、大小配房近20间。8根金丝楠木大柱、梁榫和顶棚的油绘花案、罗马式浮拱都按照原先风貌予以复制和保留，该建筑现为福州市历史纪念地和福建省爱国主义教育基地。

这处建筑物建于清朝道光七年，原为福建省贡院“至公堂”，民国时期为福建省咨议局所在地。1912年4月20日，孙中山先生来闽，在此向闽省军政界发表重要演讲，有力地推动了我国东南地区

福州中山纪念堂

的民主革命。为了纪念中山先生，福建人民于1932年将“至公堂”改名为“中山堂”。在中共福建省委、省政府大力支持下，民革福建省委员会从2001年6月起对这座年久失修、濒临倒塌的危房进行了全面维修，修复工程坚持遵守《文物保护法》中“修旧如旧”的原则，历时近一年，使这座古建筑重新焕发出原有的风采，也开创了由民主党派管理使用文物保护单位的先例。

福州中山纪念堂已经于2002年6月21日举行隆重的开馆典礼，福建省全体民革党员捐款浇铸的两尊孙中山先生铜像，也分别摆放在堂内外供群众瞻仰。堂内开设有多个专题展览，收藏有海内外孙中山纪念馆（所）及闽籍辛亥革命志士后裔捐献的图片展板和珍贵的手迹实物、文献书稿、史料照片等300余件。如今，这里已经成为福建人民寄托对孙中山先生敬仰之情的专门纪念场所，也是对青少年进行爱国主义教育的重要基地。

九、鞠躬尽瘁——北京

孙中山在天津时的留影

孙中山一生中，曾3次到北京。他3次北京之行的历史，既是终生为实现“天下为公”“世界大同”而奋斗的历史，也是他的革命精神熔铸于北京人民心中的历史。

1894年夏天，孙中山第一次到北京。1893年，他在香港学医后在澳门行医，因受葡籍医生排挤回到广州行医。孙中山与好友陆皓东、郑士良、陈少白、陈奎元等8位青年志士面对列强对中国的蚕食鲸吞，经常聚会，研讨时政与救国之道，提出不少改良朝政以兴国的设想。当年年底，孙中山埋头几昼夜，拟就了《上李鸿章书》，提出了改良朝政、图强救国的政治主张。这篇洋洋八千言的政见书，中心思想是建议朝廷做到“人能尽其才，地能尽其利，物能尽其用，货能畅其流”。1894年2月，孙中山与陆皓东满怀期望，带着这份强国建议书北上，幻想朝廷能够采纳他们的建议，重振朝纲。

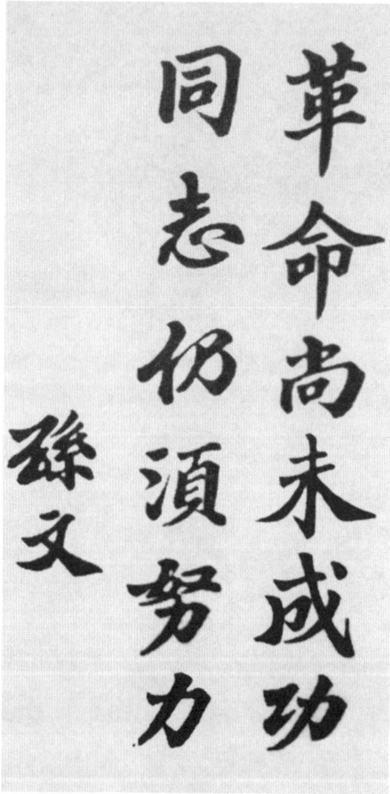

孙中山墨迹

6月，孙中山与陆皓东到达清廷“总理各国事务衙门”所在地天津。李鸿章不接见他们，孙中山请罗丰禄将建议书转交李鸿章。结果，孙中山用心良苦写成的这篇建议书，如石沉大海，没有得到任何回音。他们热心救国、改革朝政的希望化成泡影。

上书未果，并没有挫伤孙中山的救国之志。清廷的举动启发他在京城做实地考察。正如孙中山后来回忆当年京津之行时所说：“最后至北京，则见清朝政治下之龌龊，更百倍于广州。”他目睹清廷昏聩，认识到改良朝政已是不可能之事，非推翻清廷无以救中国。

孙中山第二次到北京，是1912年8月18日从上海启程的。

1912年1月1日，中华民国临时政府宣告成立，孙中山在南京就任临时大总统。当时南北尚未统一，掌握军事实权的是袁世凯，他以担任中华民国临时大总统为条件，表示一定使清帝退位，拥护共和政体。孙中山胸怀博大，将个人的权力地位置之度外。他答应了袁世凯的条件。随即清廷退位，结束宣统年号。1912年3月10日，袁世凯在北京就任中华民国临时大总统。4月1日，孙中山正式解除临时大总统职务，南北实现了表面上的统一。

此后，袁世凯多次电邀孙中山北上共商国是。中国同盟会的多数同志认为袁世凯对民主制度没有诚意，也建议孙中山前往北京，共商巩固共和、发展国家之道。孙中山从广东返回上海后，便于1912年8月18日启程，24日下午到达北京，受到北京各界及外国驻北京使节隆重而热烈的欢迎。

孙中山此次北京之行，贯穿一个中心思想，即巩固共和政体，走中国复兴之路，以达“利国富民”之目的。为实现这一目标，他做了以下几件大事：

第一，稳定政局，促进各种政治势力之间的团结。

第二，实行政党政治的尝试，主持将同盟会改组成国民党，并协调各政党之间的关系。8月25日下午3时，他在湖广会馆出席国民党成立大会，发表演说，倡导“五族一家”“五族共和”思想，广泛宣传中华民族大团结的政治主张。

第三，广泛宣传发展实业的主张。孙中山与袁世凯多次耐心会商，袁世凯发表了八条《内政大纲》，基本上采纳了孙中山的建议。

第四，踏遍华北大地，做周密的实地考察。孙中山南下石家庄，西经娘子关，入山西，赴太原，考察铁路、煤矿建设。后来孙中山提出的民生主义建国蓝图，与他的第二次到北京，对华北地区做实地考察是分不开的。

第五，在北京倡导国家社会主义。孙中山在《民生主义与国家社会主义》的演讲中，着重说明民生主义“并非均贫富之主义，乃以国家之力，发达天然实力，防止资本家之专利”。他说：“兄弟欲办铁路，每主张铁路国有，是国家社会主义，为民国富强之基。”

孙中山第三次到北京是1924年12月31日。这次北京之行，孙中山在长期反对北洋军阀统治的革命斗争中，找到了革命新路，即改组国民党，重新解释三民主义，实现国共两党合作。为了实现中国南北的和平统一，他以患不治之症的身躯来到北京。没想到中国近代史上这颗巨星，竟在此行中陨落于北京。

1924年10月23日，爱国将领冯玉祥率部从古北口前线倒戈，班师回京，与胡景耀、孙岳合作，成功推翻了以曹锟、吴佩孚为首的北洋政府，组成国民军与黄郛摄政内阁，并通电全国，迎请孙中山速来北京，共商建国大计。反直联盟中的奉系军阀张作霖、皖系军阀段祺瑞，为了排挤国民军，投机革命，进而篡夺北京政权，也电邀孙中山北上。面对突变的政局，孙中山将个人安危置之度外，毅然北上。

12月4日上午，孙中山一行到达天津。北京、天津各方代表及群众2万多人在码头热烈欢迎孙中山。但此时北方时局已大变，奉系军阀张作霖与皖系军阀段祺瑞已经勾结起来，段祺瑞的临时执政府取代了黄郛的摄政内阁，冯玉祥失去了权力。奉系张作霖与皖系段祺瑞决心排斥孙中山，反对他“废除不平等条约”“召开国民会议”。段祺瑞继续承认不平等条约，拉拢全国各派系军阀，筹备召开政治分赃性质的“善后会议”。

在天津期间，孙中山以顽强的意志和高超的策略，与段祺瑞展开坚决斗争。但因病情急剧恶化，决定进京治疗，12月31日到达北京。

中国国民党中央执行委员会按照孙中山的指示，两次发表宣言，命令国民党党员抵制“善后会议”，号召人民团结起来自行制定召开国民会议的办法，以产生真正的国民会议；正告段祺瑞，不许与外国达成新的卖国协议。1925年3月1日，国民会议促成会全国代表大会在北京召开，以实际行动否定了“善后会议”。

孙中山的顽疾，在北京经过两个多月的治疗，未能见效。3月11日，他签署了《国事遗嘱》《家事遗嘱》和一份《致苏联遗书》。他语重心长地对身边的同志说：“我死了，四面都是敌人，你们是危险的，希望你们不要为敌人软化！”他在昏迷状态中，喃喃自语：“和平……奋斗……救中国。”1925年3月12日9时30分，一代

孙中山抱病入京，受到北京各界民众数十万人的热烈欢迎

伟人在北京铁狮子胡同行辕停止了呼吸。

北京中山堂

中山堂位于北京中心地区，天安门西侧，中山公园内。原名社稷坛“拜殿”，始建于明永乐十九年（1421），迄今已有近600年历史，它是明清两代皇帝在社稷坛祭祀时休息或遇风雨时行礼的地方。中山堂是一座精美壮观的楠木结构大殿，面阔五间，进深三间，占地面积约1000平方米，红墙，黄琉璃瓦，单檐庑殿顶，白石台基。建筑物内部不做天花吊顶，所有梁架和斗拱全部外露，而且

北京中山堂

北京中山堂内的孙中山汉白玉雕像

镶金箔和绘有北京中山堂彩绘，是我国古代建筑艺术的精品。现为全国重点文物保护单位。

1924年，孙中山为迅速实现全国统一，召开国民会议，废除一切不平等条约，毅然抱病进京。11月13日，在夫人宋庆龄等人的陪同下，孙中山带病自广州黄埔出发，先到香港，17日到达上海，22日离沪赴日本，30日由日本赴天津，12月4日，抵达天津大沽。在天津，孙中山肝病发作，但他仍抱病同各方人士商讨国是。12月31日，孙中山抵达北京前门火车站并发表《入京宣言》，早已等候的北京学生及民众代表10余万人，向孙中山表示欢迎。在下榻北京饭店的26天里，他一边关心着时局的发展，一边同病魔进行顽强的抗争。

1月26日，孙中山住进北京协和医院接受治疗。下午6时，由外科主任邵乐安主刀的手术开始。当打开孙中山的腹腔时，呈现在医生面前的肝脏，已是坚硬如木。2月18日，孙中山被送至铁狮子胡同5号行辕，改用中医治疗，但他仍念念不忘救国大业，要求召开国民会议，反对“善后会议”的召开。3月11日，孙中山的眼睛开始散光，大家把《国事遗嘱》《家事遗嘱》和《致苏联遗书》呈给他，宋庆龄含着眼泪用手托着孙中山的手腕，用孙科佩戴的牛角钢笔让他在三份遗嘱上签字。3月12日上午9点30分，孙中山与他亲手缔造的共和国和热爱他的人民永别了。

孙中山逝世后，在铁狮子胡同5号行辕内设立了灵堂。在家人举行完简短的仪式后，遗体被移往北京协和医院。第二天，汪精卫同许俊人到先农坛和中央公园内的社稷坛“拜殿”实地考察公祭、吊唁地点。他们认为，先农坛虽然场地很大，但是在城南，路途远，前去吊唁的各界人士会感到不便，遂决定将位于市中心的中央公园内社稷坛“拜殿”当作停灵地点，设灵堂举行吊唁和公祭仪式。

3月19日上午11时，孙中山的遗体在协和医院做完尸检和防腐手术后，由国民党要人以及李大钊、林祖涵、吴玉章和于树德等共产党员抬着孙中山的灵柩，执绋从协和医院南门出发，移往中央公园社稷坛“拜殿”。移灵途中，送葬的民众多达12万人，他们每人手执一面白旗，上面写着“追悼孙先生”，胸戴白花，臂挽青纱，伫

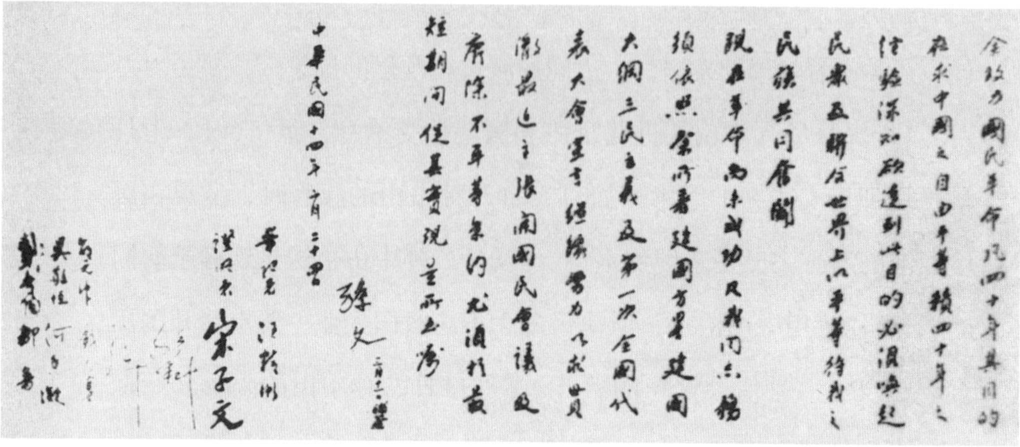
余致力國民革命凡四十年其目的在求中國之自由平等積四十年之經驗深知欲達到此目的必須喚起民眾及聯合世界上以平等待我之民族共同奮鬥
現在革命尚未成功凡我同志務須依照余所著建國方略建國大綱三民主義及第一次全國代表大會宣言繼續努力以求貫徹
最近主張開國民會議及廢除不平等條約尤須於最短期間促其實現是所至囑
孫文 三月十一日補簽
中華民國十四年二月二十四日
筆記者 汪精衛
證明者 宋子文

孙中山遗嘱

立在街道两旁致哀。

航空署特派出大维样式飞机3架在孙中山灵榇所经各处绕空飞行，并散发孙中山遗容像。

12时15分，灵柩到达社稷坛“拜殿”。下午2时，灵柩安放妥善，送葬群众退出后，对灵堂及周边进行布置。门外等候的人们无不感到悲痛，他们不愿离开，自发地在中央公园集会，赞颂孙中山革命的一生，反对段祺瑞政府卖国求荣。从社稷坛大门到停灵的“拜殿”，道路两侧布满了挽联和花圈。社稷坛“拜殿”正门及窗檐用松柏叶装饰，并用黄白色纸花点缀其间。社稷坛“拜殿”内国民党党旗降半旗致哀。灵堂外，东西两块空地和社稷坛台上各搭一座凉棚，作为军乐队以及来宾休息的地方。殿外西南角球场内有护国般若法会，为孙中山设坛诵经，别具一种庄严气象。

为使吊唁、公祭孙中山的仪式更为隆重，治丧处在中央公园

北京铁狮子胡同行辕外景

北京铁狮子胡同行辕中的病室

宋庆龄、孙科在铁狮子胡同行辕灵堂前

正门布置素色彩绸牌坊，用素花扎成绣球点缀。牌坊上缀有孙中山的名言：大门匾额为“天下为公”，楹联为“人群进化，世界大同”；二门匾额为“博爱”，楹联为“行之匪难，知之维艰”；三门匾额为“民有民治民享”，楹联为“三民主义，五权宪法”；社稷坛“拜殿”匾额为“国民救国”，楹联为“恢复国际平等，恢复国家独立”。

在庄严肃穆的灵堂中央位置，孙中山的灵柩安放在一座约50厘米高的棕台上，四周用铜栏围绕。灵柩用的是协和医院所存的美国上等楠木棺，棺为椭圆形，前端微方，上方是水晶玻璃盖，吊唁

北京各界群众齐集协和医院门前吊唁孙中山先生

者能清晰瞻仰先生遗容。孙中山的遗体躺在棺内，身体覆盖着青天白日旗。他留着分头，八字胡须，身着黑色大礼服，系黑色蝴蝶领结，面容安详。灵柩前摆满了鲜花，上方悬挂着中山先生的遗像，两边是孙中山先生的遗言“革命尚未成功，同志仍须努力”，横额是“有志竟成”。宋庆龄身着黑礼服，佩戴黑纱，率亲属守灵。

在祭奠期间，军乐队不断演奏孙中山先生生前好友萧友梅特地为悼念先生而创作的《哀悼进行曲》。全曲分三大段，前后各30小节，抒发了人们对孙中山先生的深切悼念之情。中段16小节改用大调，以雄壮激扬的曲调描写“和平……奋斗……救中国”之意，尾声悲壮，尾音延长，表达了人们对孙中山先生的无限哀思。

3月20日上午9时，在北京的全体国民党党员齐集社稷坛“拜殿”举行公祭，礼节简单而肃穆。参加祭奠的人员5人为一组相继入灵堂瞻仰中山先生遗容，并在灵堂前摄影留念。

3月24日至4月2日，在中央公园社稷坛“拜殿”举行了隆重的正式公祭和吊唁活动。

3月24日上午10时，开始举行吊唁、公祭仪式。奏哀乐后，宋庆龄、孙科及家属先行致祭，来宾按次序进入灵堂行礼。上午有广东政府代表邹鲁、教育部长官及下属人员。下午有海军、法务、陆

孙中山灵柩移入社稷坛“拜殿”时的情形

孙中山家属和亲属在社稷坛“拜殿”灵堂前

军、交通各部部长及下属官员，其他各团体及个人来吊唁者不计其数。治丧处在来宾入门时向吊唁者各赠一朵素花，行礼后再赠送中山先生的照片和纪念传单，传单正面印有中山先生遗嘱，背面为《孙先生遗嘱下之中国民众与世界民众》的短文。当日下午3时，原定段祺瑞亲临吊唁。全体阁员、政府秘书长梁鸿志、大礼观官黄开文、前国务总理颜惠庆、军事厅长张树元、翊武使熙钰、临时法制院院长姚震善、“善后会议”秘书长许世英、京师警察总监朱深、警卫总司令鹿钟麟、宪兵学校校长殷学潢及各院、局长官，各机关简任以上官员，各军事机关长官，执政府秘书、侍从武官等100余人先后到齐，由招待员引导相继进入灵堂，分文武站列左右等候。3时许，段祺瑞以脚有病为借口，改命内务总长龚心湛代为行礼。家属孙科、戴恩赛在旁三鞠躬答谢，并由治丧处主任李烈钧致答谢词。吊唁、公祭仪式结束后，主祭、陪祭等人员由招待员引导至中山先生灵柩前瞻仰遗容后回休息室休息，执政府秘书厅及海军、陆军、内务、财政各部全体职员又陆续吊唁，由各部长官主祭，4时许，全部吊唁完毕。

3月25日上午11时，外交使团吊唁。苏联大使、美国公使、西班牙公使、法国参赞、英国参赞、日本参赞及各使馆人员、外国在京绅商先后以团体、个人身份前往吊唁。此外，外交部侨务局、平政院等高官，惩戒委员会、京汉铁路管理局、清史馆、陆军大学等，也于上午前来吊唁，下午来吊唁的有工业大学、甘肃自治同志会、执政府卫队司令部、姚源焕桃隐月刊社、司法官惩戒委员会、旅京广东同乡会、法政学报、共进社农商部、清室善后委员会、师大新华学会、郁文大学等20余团体。当天，吊唁来宾共计2万余人。

3月26日为各学校吊唁、公祭之日。自上午10时至下午4时，民国大学等5所学校、北京公立小学等37所学校的学生，约1万人云集社稷坛灵堂。治丧处在招待所内连续播放中山先生生前演讲三民主义、五权宪法的报告录音，声音极为嘹亮，听众无不肃然起敬。

3月27日，社稷坛的灵堂整日对外开放，供各界人士吊唁中山先生。参加吊唁的有北京大学、女子师范学校、民治大学、私立第九小学等及其他团体共3万余人。张作霖督办代表郦克庄也于下午2时来吊唁，礼仪十分隆重。在社稷坛左右招待所内，继续播放中山先生在广东对民众演讲的录音，分粤语和普通话两种，共4张录音唱盘。第一至第三张是勉励国民革命的词，第四张是告诫同志的教诲。

3月28日下午2时至4时，设置在社稷坛南门外演乐厅内的留声机将声音放大，反复播放中山先生生前的演说，唱盘为上海《中国晚报》的沈卓吾先生于1924年5月30日在广州南堤亲聆中山先生演讲时录制并制作，流传于后人的仅几张。吴稚晖也通过麦克风发表演讲，宣传中山先生革命、奋斗的一生，听者无不动容。上述各团体吊唁期间，各界人士仍可自由分散吊唁。连日来，到中央公园来吊唁、公祭的各方人士越来越多，由于吊唁的民众从早到晚络绎不绝，吊唁时间延长到晚6时，以免过于拥挤。

3月29日是周日，吊唁来宾竟多达10余万人。新京学院、师范大学、平民学校、妇女职业促进会、旅京香山同乡会、国民会议促成会、交通部全体官员等54个民众团体也来吊唁。

3月30日，苏联政府派专员运送玻璃棺到达北京。棺具长五尺二寸，高一尺五寸，棺头宽二尺，棺尾宽一尺六寸，棺的外盖及外层均为钢材料镀镍，明晃照人，内棺盖用玻璃材料制作，可观看内部。协和医院专家鉴定后认为，该棺质地薄脆，而且金属的外壳容易导热，不利于长期存放遗体，最后决定仍用原棺。

3月31日，来中央公园灵堂吊唁中山先生的民众仍有10余万人。上午，团体吊唁的就有汇文大学、中学、小学全体学生500余人、举行祈祷及演讲的中国大学学生会代表100余人、燕京大学学生会代表等160余人、成达学校全体、湖北公益促进会、俄文法政专门学校全体、慕贞女学校全体、扶轮第一小学校全体、中国各省区工团联合会代表章佩萱等40余人、畿辅大学学生会代表50余人。下午，中央女学校主任石道藩率男女学生100余人、全国铁路协会代表石莘农等90余人、陆军军医学校全体、陆军中学学生会代表、上海国民拒毒会代表徐谦等、贝满中学全体、盐务学校学生会代表40余人、财政专门学校全体、中央大学全体师生、京师丽华学校全体、文化大学代表邝摩汉等、楚北知社以及其他50余个社会团体也都来吊唁。

4月1日上午9时，北京公立大、中、小学73所学校学生，湖北旅京国民党员居正、彭养光等2000余人，江苏吴稚晖、钮永建、陈去病、茅祖权等500余人，安徽及湖南易培基等2000余人也先后到社稷坛灵堂举行隆重的公祭。晚6时，国民党北京特别市党部又邀集同志在社稷坛灵堂前合影。

据当时留下的公祭材料记载，在社稷坛“拜殿”的灵堂举行公祭和吊唁的短短数天里，治丧处统计来吊唁的团体有1254个，共收到花圈7000余个，横条幅500余件，挽联59000余副，其中最引人注目的是中国共产党员李大钊撰写的214字的挽联。仅北京大学学生敬送的花圈队伍就一眼望不到边。唁电、唁函更是不计其数。据记载，那时全北京仅200余万人口，在这短短的数天时间里，前来此签名吊唁者就有746823人。可以这样讲，当时除老弱病残和边远地区行动不便的市民以外，几乎是倾城出动。他们不仅吊唁中山先生，而且在中央公园集会，高呼革命口号，民众情绪高涨，公园的各个角落都成了赞颂中山先生、反对北京政府、声讨帝国主义的场所。

4月2日上午11时，在社稷坛灵堂的吊唁、公祭仪式结束后，中山先生的灵柩经长安街、西单，出西直门移往西山碧云寺暂厝。全市30万群众哀送灵车。他们高呼“打倒军阀”“打倒帝国主义”“中山主义万岁”“国民革命万岁”等口号。当送灵的队伍经过西华门段祺瑞的“善后会议”会址时，愤怒的送葬群众将“善后会议”的牌子砸毁。下午4时25分，灵车抵达香山碧云寺。5时30分，孙中山先生之子孙科、女婿戴恩赛等将灵柩安放于碧云寺金刚宝座塔石龛内。

为纪念孙中山先生、弘扬中山精神，1928年，国民政府将社稷坛“拜殿”更名为中山堂，中央公园也改名为中山公园。

孙中山逝世4年后的1929年，南京中山陵竣工，5月22日，在碧云寺举行了隆重的孙中山遗体改殓仪式。

5月25日，在天安门前举行了隆重的孙中山奉安迎榇纪念大会。

5月26日下午5时，移灵专车离开北京前门火车站前往南京中山陵。停在车站上的所有火车汽笛长鸣，站台鸣礼炮108响，送灵的文武官员、团体代表立正默哀，向中华民国的缔造者告别。

1949年新中国成立以来，中山堂由北京市政协管理。每逢中山先生的诞辰日和逝世日，全国政协、民革中央都要在中山堂举行隆重的纪念仪式，党和国家领导人及首都各界人士都要出席纪念活动，并敬献花篮。1956年11月，中山先生诞辰90周年时，在中山堂内举办了“孙中山生平事迹展览会”，毛泽东主席亲自为展览题词。

1981年10月，纪念辛亥革命70周年展览在中山堂内举办。

1986年11月，中山先生诞辰120周年之际，经北京市政协提议，在中山公园内树立了一尊大型的中山先生铜像，邓小平同志亲笔为雕像题词——“伟大的革命先行者孙中山先生永垂不朽”。

1996年11月，中山先生诞辰130周年之际，中山堂对社会全面开放，北京市政协举办了永久性展览“纪念孙中山”。

2002年11月，中山先生诞辰136周年之际，北京市政协对中山堂进行了大规模修缮。同时在中山堂内重新设计制作了“孙中山与北京”展览。展览主要反映孙中山一生3次来北京开展革命活动的内容，展览分为序幕、“世纪伟人”“三莅北京”和“永恒的纪念”四个部分，并重新制作了一尊大型汉白玉材质的中山先生坐姿雕像，安放在中山堂内。2003年春，北京市人民政府正式将中山堂确定为北京市爱国主义教育基地，中山堂成为首都各界人士纪念中山先生的重要场所。

孙中山灵柩移往香山碧云寺暂厝

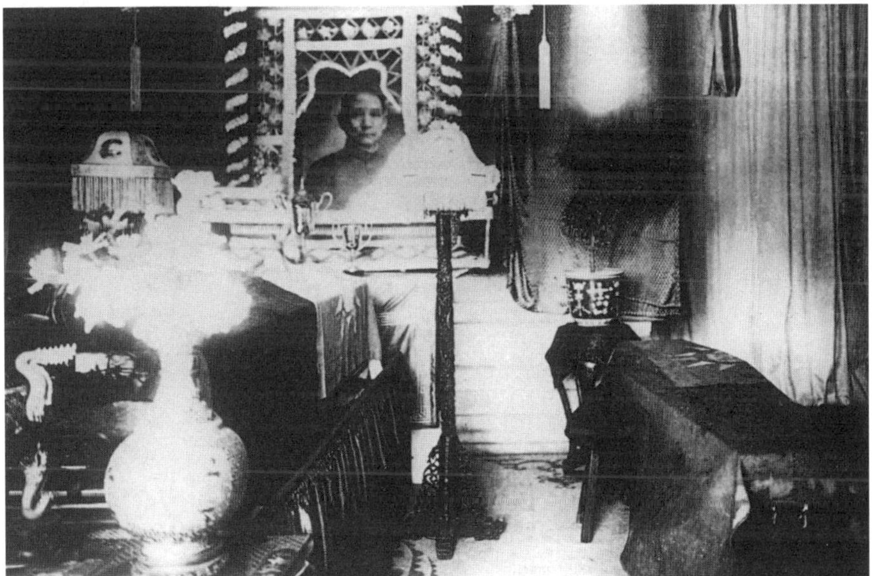

碧云寺灵堂内景

香山碧云寺

碧云寺位于北京海淀区香山东麓。元至顺二年（1331）建，原称碧云庵。明正德十一年（1516）太监于经在寺后建生圹并重修寺院，始称今名。清乾隆十三年（1748）增建罗汉堂和金刚宝座塔。

寺坐西朝东，依山势从山门至寺顶共6层院落，层层殿堂依山而建，松柏参天，浓阴蔽日，为避暑胜地。山门石桥前有石狮一对，雕琢精细，形态威猛，传为明代遗物。南跨院内有仿杭州净慈寺而建的罗汉堂，堂内有木质漆金罗汉500尊，还有神像7尊和梁上济公的佛像，神态各异，栩栩如生。北跨院为水泉院，清泉从山石中流

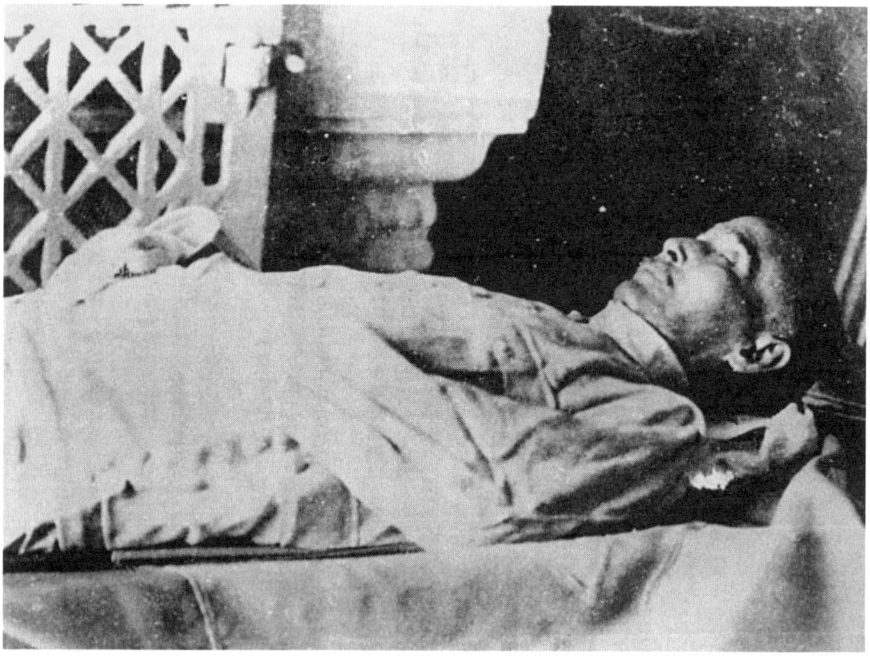

碧云寺内的孙中山遗容

出，潺潺有声，集聚池中。池上有桥，池旁有亭，景致迷人。

罗汉堂北为普明妙觉殿，1925年孙中山逝世后曾停灵于此，后辟为孙中山纪念堂。过纪念堂为金刚宝座塔院，玲珑秀丽的汉白玉石塔耸立其间。金刚宝座塔高34.7米，有石阶可攀登塔座。塔座正中开券洞，孙中山衣冠即封葬于此。塔座上有2座圆形喇嘛塔和5座13层密檐方塔。整个金刚宝座塔满布雕刻精致的浮雕，有大小佛像、天王、力士、龙、凤、狮、象和云纹梵花等，依西藏传统形式雕刻。

香山碧云寺内的孙中山纪念堂，自1977年10月1日正式对游人开放以来，成千上万的社会各界人士纷纷前来瞻仰参观。现在，这里已经成为进行革命传统教育和爱国主义教育的重要基地。纪念堂内正中安放着中国国民党中央委员会及全国各地中山学校敬献的中山先生汉白玉全身塑像，左右墙壁上镶嵌着用汉白玉雕刻的孙中山先生的《致苏联遗书》，正厅西北隅陈列着1925年3月30日苏联

碧云寺金刚宝座塔

人民送来的玻璃盖钢棺，堂内还陈列着孙中山先生的遗墨、遗著。

纪念堂正厅两侧的展览室集中反映了孙中山先生革命的一生，为人们更好地了解中山先生的生平、生活及革命业绩提供了珍贵、丰富的教材。第一展室内容分为6个部分：求学立志、致力革命、推翻帝制、创建民国、讨袁护法、伟大转折。概括地介绍了中山先生为追求真理、振兴中华，经过艰苦卓绝的斗争，推翻清王朝，结束封建帝制，开创中国乃至亚洲民主共和新纪元的革命历程。第二展室分5个部分：抱病北上、病逝北京、暂厝香山、移灵南下、缅怀伟

北京碧云寺孙中山纪念堂

人。介绍了中山先生为了国家的和平统一，毅然抱病北上，直至生命的最后一息。

孙中山先生于1925年3月12日上午9时30分在北京与世长辞。19日，中山先生的灵柩停放在中央公园（现中山公园），社会各界隆重公祭后，于4月2日移至香山碧云寺金刚宝座塔石券门内暂厝。1929年5月，南京中山陵落成。5月22日，宋庆龄及亲属、医卫人员，在这里为中山先生敛服，复大敛于待奉移之铜棺，将更换出的中山先生的衣帽，放回原敛之楠木棺中，封入金刚宝座塔石塔内。在碧云寺普明妙觉殿（现纪念堂）设灵堂，举行了庄重的灵柩奉移典礼。5月26日，移灵南下。6月1日，中山先生的遗体于南京中山陵奉安礼成。为纪念中山先生遗体暂厝之地，当时的国民政府在普明妙觉殿立“总理纪念堂”，在金刚宝座塔石券门石塔立“总理衣冠冢”。新中国成立以后，人民政府重修碧云寺后命名为“孙中山纪念堂”（宋庆龄题写）和“孙中山先生衣冠冢”，供后人瞻仰。

北京湖广会馆

湖广会馆位于北京市原宣武区虎坊桥，始建于清嘉庆十二年（1807），有着悠久的历史和深厚的文化内涵，是人文荟萃之地。已故著名京剧艺术大师谭鑫培、余叔岩、梅兰芳都曾在此演出。

1912年，孙中山先生曾5次光临湖广会馆，发表政治演说，并于8月25日在此主持召开了国民党成立大会。

1994年，北京市天桥投资开发公司对其进行全面修复。其中大戏楼、文昌阁、楚畹堂、风雨怀人馆、宝善堂等一组建筑，已经修葺一新，并配备了中英文字幕、中央空调等现代化设备。1996年5月，大戏楼先期对社会开放，每晚由北京京剧院名家进行精彩的戏曲演出。良好的演出条件、高雅的文化氛围，令人怡然自得。

十、历史丰碑——中山陵

中山陵祭堂内景

孙中山临终前嘱咐要葬在南京紫金山。他逝世后，经宋庆龄、孙科等人的多次勘查，将墓址选定在紫金山中茅山的南坡。中山陵西邻明孝陵，东毗灵谷寺，前临广阔的平原，背拥青翠的山岗。蜿蜒的群山、苍翠的林海，与陵墓融为一体，蕴含着孙中山的精神永存。

中山陵是一项具有历史意义的重大工程，陵墓设计图案至关重要。经研究，葬事筹备委员会决定实行悬奖的办法征集陵墓设计图案，公开登报，向全世界的建筑师和美术家广泛征集设计图。到1925年9月15日为止，葬事筹备处共收到海内外应征图案40余种，全部陈

1925 年 4 月 21 日，宋庆龄等在紫金山为孙中山选墓址

列于上海四川北路大洲建筑公司三楼。葬事筹备处还特别邀请了土木工程师、南洋大学校长凌鸿勋，德国建筑师朴士，中国画家王一亭，雕塑家李金发4位专家担任评判顾问，请他们阅览后写出书面评判意见。

中山陵的设计者吕彦直

获首奖的是青年建筑师吕彦直设计的警钟形中山陵图案，二奖是范文照，三奖是杨锡宗，还有7位名誉奖。名誉奖中除了第二名赵深外，其余全部都是外国工程师。

吕彦直是山东东平人，1894年生于天津。早年在清华学堂建筑系毕业后，被公费派到美国康奈尔大学深造，得到美国著名建筑师墨菲的指导。回国后，在上海开设“彦记建筑事务所”。设计中山陵的时候，吕彦直才31岁。

吕彦直设计的中山陵，平面图呈警钟形，给人以警钟长鸣、发人深省之感。孙中山在临终遗嘱中说他致力于国民革命40年，“深知欲达此目的，必须唤起民众”。吕彦直的警钟形设计图案，最符合“唤起民众”之意，寓意深刻。从设计图形来看，祭堂外观给人庄严肃穆之感，祭堂和墓室分开，祭堂在前，墓室在后，使用祭堂时，墓门可以不开。墓室为圆形，墓圹一周筑有石栏，便于谒陵者依次瞻仰。墓穴在地下，即使地面建筑被毁，孙中山遗体也不会受

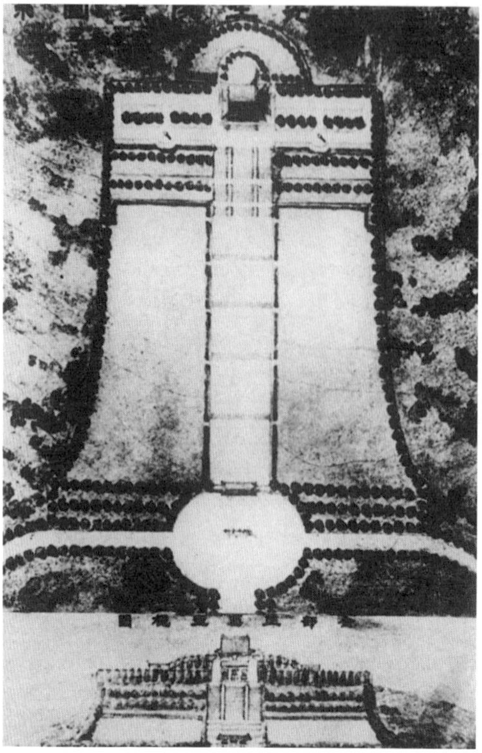

警钟形中山陵设计图

损。整个建筑朴实坚固，合于中国观念，又糅合了西方建筑精神，符合孙中山的精神和气概。

中山陵工程浩大，受经费限制，全部工程分三部进行。第一部工程由上海姚新记营造厂得标承建。陵墓动工后，由于军阀割据，政局混乱，工程进展缓慢。1926年春动工兴建，1929年3月三部工程全部竣工。悬奖征求陵墓图案时规定陵墓建筑费在30万元以内，实际上，到第三部工程完工时，共耗费240余万元。

陵墓建成后，国民政府派出迎榇专员林森、郑洪年和吴铁城北上迎榇。在北京举行公祭活动后，用专列运载孙中山灵柩沿津浦铁路南下，沿途各站也都举行了祭奠仪式。灵柩抵达南京后，先是供奉在湖南路中央党部礼堂，公祭3天。1929年6月1日举行盛大隆重的奉安大典，一代伟人从此长眠紫金山。

进入中山陵，首先来到陵墓的广场。广场位于中山陵的正南

1926 年 3 月 12 日，在紫金山举行中山陵奠基礼

祭堂建设的场景

中山陵刚落成时的场景

端，平面呈半圆形。由广场拾级而上，墓道入口处，是一座冲天而立的花岗石牌坊。牌坊上镌刻着孙中山手书的“博爱”二字，因此，这座牌坊又叫“博爱坊”。

牌坊之后，是一条长达480多米的墓道。墓道分为三道：中道宽12米，水泥路面；左、右两道各宽4.2米，柏油路面。中道和左右两道之间，由南向北，对称地排列着五对长方形的绿化带，绿化带内栽植了两排雪松和四排桧柏。墓道的尽头是陵门，这是中山陵墓的正门。

陵门前平台的左右两侧，各有一个象征性的卫士室。陵门坐北朝南，有3个拱门，每个拱门都装有一扇对开的镂空花格铜门。陵

1929 年孙中山先生灵柩奉安时的景象

中山陵博爱坊

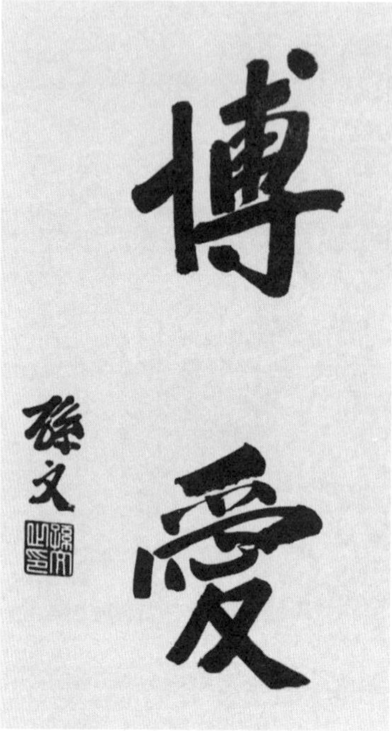

孙中山墨迹

门平面为长方形，宽27米，高16.5米，进深8.8米，全部用福建花岗岩建成，屋顶为单檐歇山式，上覆蓝色琉璃瓦。陵门南面正中门的上方刻“天下为公”4个金字，也是孙中山的手迹。

陵门前东西两侧，还各有一对高约3米的汉白玉石狮。这对石狮是1935年7月，当时的察哈尔省主席宋哲元将军在北平定王府购得，赠送给中山文化教育馆的，后又由该馆转送给陵园。

陵门之后，是一座方形的碑亭，边长12米，高约17米。碑亭也是全部用花岗岩建造，重檐歇山顶，上覆蓝色琉璃瓦。亭的四面各有一个拱门，但北侧的拱门设有石栏杆，不能通行，游人可在此凭栏眺望中山陵祭堂的雄姿。

吕彦直在设计中山陵的时候，由于受建筑经费的限制，没有设计碑亭，而是在祭堂正中立碑。后来为了增添陵墓的气势，吕彦直又设计了碑亭，而在祭堂内设孙中山坐像。碑高8.1米，宽4米，重达几十吨，用福建花岗岩雕琢而成。碑上刻有三行鎏金大字：

中国国民党葬

总理孙先生于此

中华民国十八年六月一日

字体为颜体，遒劲有力，出自谭延闿的手笔。“总理”现在通常是指政府首脑，孙中山并没有担任过政府总理，却当过临时政府大总统，后来在广州又当过大元帅、非常大总统，为何却用“总理”呢？因为段祺瑞政府当时曾明令国葬孙中山，但事实上孙中山却是党葬，孙中山在国民党内的职务是总理。

这块碑上只有短短的24个字，对孙中山的生平业绩并无只字片言。其实，早在陵墓动工以前，1925年12月28日，葬事筹备委员会

中山陵陵门

中山陵碑亭

奉安宝鼎

就议决推定吴稚晖、汪精卫、于右任、张静江为孙中山撰写碑铭、传记，并推举谭延闿、于右任、张静江三人书写。后来，又具体确定由汪精卫撰写碑文，胡汉民撰写墓志铭文，吴稚晖撰写传文，张静江写记文，并限于1926年7月底交稿。可是，过了两年，这些碑文始终定不下来。1928年1月7日，葬事筹备委员会在上海召开会议，认为孙中山的思想和业绩不是用墓志铭、传记文字所能概括的，还是不用为宜，并且决定，由谭延闿书写碑文。

从碑亭到祭堂前平台，还有8段石阶，共290级。每段石阶上都有一块平台，全部用苏州金山花岗岩砌成。这些石阶的两侧，栽植桧柏、枫树、石楠等树木，终年常青。石阶间的平台上，还陈列着一些纪念品，丰富了石阶的景观。第五层平台上，有一对巨大的紫铜鼎，上面刻有“奉安大典”4个篆字，是当时的上海特别市政府为纪念孙中山的葬礼而捐赠的。遗憾的是，西侧那座铜鼎的腹部留有两个孔，这是在1937年12月日本侵略军进攻南京时被炮弹击穿的。

祭堂是一座融合中西建筑风格的宫殿式建筑，长30米，宽25

中山陵祭堂远景

中山陵祭堂近景

米，高29米，外壁用香港花岗岩建造。屋顶是中国传统的重檐歇山式，上覆蓝色琉璃瓦。吕彦直原来考虑用铜瓦比较坚固，但铜瓦价格昂贵，葬事筹备委员会决定用蓝色琉璃瓦。中山陵所有的建筑物都是白墙蓝瓦，这与国民党青天白日党徽的基本色调是一致的。

祭堂正面有3个拱门，中门大，两侧略小，门上都装有镂空花格紫铜门。门楣上方从东到西分别刻有“民族”“民权”“民生”6个篆字，是民国元老张静江所书。“民族”“民权”和“民生”是孙中山创立的三民主义的3个组成部分。中门的上下檐之间，还嵌有孙中山手书的“天地正气”4个金字的匾额。

祭堂内部，用云南产的大理石铺地。堂内左右、前后排列着12根巨大的石柱，四隐八现，下承大理石柱础。这些石柱是用钢筋混凝土浇制的，外面裹以青岛产的黑色花岗石。

祭堂顶部用马赛克磁片镶嵌成国民党青天白日的党徽图案，四壁上半部贴人造石，下半部嵌黑色大理石，东西两侧镌刻孙中山手书《建国大纲》全文。祭堂北面的护壁上原来也有石刻，左面刻有蒋介石和胡汉民所写的《总理校训》和《总理遗嘱》，右面刻有谭延闿书写的《总理告诫党员演说词》。现在，除了《建国大纲》完好无损外，其余几幅石刻都在十年动乱中被磨去了。

祭堂正中，是一尊大理石雕刻的孙中山坐像。每次举行谒陵仪式时，谒陵者都要在这尊坐像前敬献花篮，鞠躬致敬。

坐像高4.6米，孙中山着长袍马褂，双脚并坐，膝上摊着展开的

祭堂内景

大理石坐像底座四侧的浮雕

文卷，双目凝视前方，深情沉思，显示出一位伟大思想家的深沉和睿智。坐像是法国著名的雕刻家保罗·朗特斯基在法国巴黎用意大利白色大理石雕刻的，造价达150万法郎。

坐像底座四侧，还刻有以孙中山从事革命活动为内容的6幅浮雕。

祭堂后壁正中是墓门，与墓室相通。墓门共有两道，第一道是两扇美国造的紫铜保险门，门外用黑色大理石砌成外框，门额上镌刻孙中山手书的“浩气长存”4个字，这4个字是孙中山为黄花岗烈士墓所题书的。第二道门是单扇铜门，门上刻有“孙中山先生之墓”7个篆字，为张静江所书。门开启时，这7个字是看不见的，只有当墓门关闭时，门上的字才能看见。

墓室为半球形封闭式建筑，直径18米，高11米，墓体坚固异常，墓壁用三层材料筑成，外面用香港花岗石铺砌，中间是钢筋混凝土，内壁用妃色人造石贴面，顶部用彩色马赛克镶嵌成国民党党徽，地面用白色大理石铺砌。墓壁上装有日光灯，顶上装有8个反光镜，使墓室内保持柔和而充足的光线。

墓室的中央，是一个圆形的大理石墓圹，直径为4.3米，四周围着一圈精致的白色大理石栏杆，谒陵者可以沿着石栏杆绕墓圹一圈瞻仰。

墓圹深1.6米，底部用白色瓷片铺地。墓圹正中是一具用汉白玉

墓圹中的孙中山先生卧像

雕刻的孙中山卧像，这尊卧像是捷克雕刻家高崎雕刻的。孙中山的遗体，用一具美国制造的铜棺盛殓，安葬在墓圹下5米深的长方形墓穴内。墓穴用花岗石铺底，四周砌隔墙。铜棺长2.24米，宽0.8米，高0.65米，棺盖上面有国徽，前后两端的底侧，有铁制的横栓，供抬棺之用。棺盖的边上，还有开关棺盖的木旋。铜棺内四壁和底部，铺垫着白色缎子制成的棉褥。

中山陵是民国初年我国自行设计、建造的一项重大工程。它结合紫金山的山峦地势，把一个个孤立的建筑用宽广的石阶、平台和大片的绿地，在一条中轴线上连成一个整体，经过几十年的风风雨雨，至今仍崭新如初，充满了无限魅力。

南京孙中山纪念馆

登上雄伟的中山陵，向东眺望，在密林深处的万顷绿浪中，有一座金碧辉煌的古典建筑，犹如仙境中的琼楼玉宇，这就是南京孙中山纪念馆。它依山而建，气势恢宏，在溪流绿树掩映中静静地倾诉着对孙中山不尽的思念。

孙中山纪念馆主体建筑包括藏经楼、《三民主义》石刻碑廊、纪念广场三部分。藏经楼是抗战前中国佛教会捐建的一座陵园纪念性建筑，由著名建筑师卢树森设计，建业营造厂承建，1936年冬完工。该楼落成后，曾珍藏了全国各地佛教界人士赠送的一批珍贵佛经和文物，但这些珍贵的佛经与文物就在这座建筑建成的第二年，

藏经楼

随着藏经楼遭到侵华日军的严重破坏，以及僧房、碑廊被毁而不知去向。

新中国成立后，南京市人民政府于1955年拨专款修复了主楼，并一度把它改成江苏省国画院。“文革”中，藏经楼也未能幸免于难。十年浩劫后，党和政府先后拨款200万元修复了主楼，重建了僧房和碑廊。1985年藏经楼主楼修复后，开始对外开放。

来到纪念馆，首先映入眼帘的是纪念广场中央石阶中段矗立的一座孙中山站立铜像。铜像高2.9米，重1吨多，以孙中山向全国民众发表演讲姿势为造型，气势磅礴，栩栩如生。这尊铜像是孙中山生前的日本友人梅屋庄吉赠送的。早在1895年孙中山在香港时，经他的英国老师康德黎介绍，孙中山认识了梅屋庄吉，从此，两人结下了深厚的友谊。

1925年孙中山逝世后，梅屋庄吉不顾日本政府关于“禁止为孙文造像”的禁令，不惜变卖家产，抵掉妻子、女儿的首饰，为孙中山铸像。他委托东京最著名的“筱原金作工场”，聘请雕刻家牧田祥哉制作，一共铸了4尊铜像。除了这一尊外，还有3尊分别安置在广州黄埔军校旧址、广州中山大学和澳门国父纪念馆。南京的这一

《三民主义》石刻碑廊侧景

尊铜像于1929年3月由梅屋庄吉亲自送来，最初安放在黄埔路中央军校内，梅屋庄吉还参加了奉安大典。

抗战前，南京民众出于对孙中山的崇敬，曾要求在新街口广场中心竖一尊孙中山铜像。当时的南京市政府也曾计划另铸一尊孙中山铜像，后因抗战爆发，这一计划未能实现。1942年11月，孙中山诞辰76周年前夕，汪精卫为了笼络人心，将中央军校内的这尊孙中山铜像移到新街口广场，从此，这尊铜像在新街口广场度过了24个春秋。

1966年，“文革”风暴席卷而来，一些红卫兵竟然要砸毁新街口广场上的孙中山铜像。南京市委根据周恩来总理的指示，把铜像运到中山陵保存。1968年6月，又移到中山陵广场南面的宝鼎座上。

1985年3月12日是孙中山逝世60周年纪念日，修葺一新的藏经楼已决定辟为孙中山纪念馆。考虑到孙中山纪念馆前应该有一尊孙中山的像，于是，这尊铜像就被移到藏经楼前的石阶上。

藏经楼主楼是一座重檐歇山式宫殿建筑，钢筋水泥结构。楼层挑檐飞角，楼顶覆盖绿色琉璃瓦，主脊与垂脊以龙凤狮头吻合，正脊中央饰有紫铜回轮华盖，梁、柱、额枋均饰以彩绘，整座建筑显得华丽壮观，金碧辉煌。

主楼外观为三层，实际中间还有一层夹层。底层为大厅，轩

孙中山纪念馆展览大厅

敞明亮，气势恢宏。大厅顶部饰有鎏金的莲花形藻井，流光溢彩，富丽堂皇。大厅中央矗立着一尊孙中山半身铜像，神态逼真，目光睿智，形象地再现了孙中山的伟大风范。这尊孙中山铜像由雕塑家戴广文创作，南京晨光集团铸造。大厅正面壁上是阴刻的胡汉民手书《总理遗嘱》巨幅匾额，两侧对联是孙中山手书的“人类进化”“世界大同”，蓝底金字，隶书阴刻。大厅四壁嵌挂着反映孙中山从事革命活动的“出国宣传”“商讨革命”“振聋发聩”“讨袁护国”4幅大型木刻浮雕，每幅浮雕高2.5米，宽2米，浮雕人物呈象牙白色，底色为木质本色，整个画面在质朴中透出历史气息，辉映着庄严、肃穆的气氛。

二楼四周有回廊，可凭栏俯视底层大厅。回廊北壁为长12米、高1.8米的大型木匾，镌刻孙中山手书的《建国大纲》全文，这是孙中山毕生对中国革命和建设实践经验的总结。木匾底色为宝蓝色，金字阴刻。另三面壁上悬挂反映孙中山革命生涯的11幅油画，以孙中山领导和发动民主革命的历史为主线，选择重大的历史事件，刻画了光耀中华的杰出历史人物，反映了风起云涌的群众革命运动，给观众以深刻的启示和教育。

三楼和四楼是孙中山纪念馆的主体陈列“孙中山先生生平事迹展”。共有5个展厅，分为7个部分。展线长180米，展出历史图片共315幅，还有各种文物、模型近百件，展示了孙中山先生伟大而光辉的一生。

主楼后面是一座大型碑廊。碑廊长125米，左右对称，中轴线上建有僧房5间，两翼有回廊及碑亭两座相连，廊壁嵌有冯玉祥将军赠送的河南嵩山青石碑138块。碑刻内容共16讲，15.5万字，由民国时期14位书法家书写，全部是楷书阴刻，风格各异，造诣精湛，堪称是书法艺术中的精品，具有很高的欣赏价值。

十年动乱中，《三民主义》碑廊的碑文遭到人为的破坏。1986年11月，经国家文物局批准修复碑廊。由中央财政部拨款，省市各方面专家共同研究修复方案，根据南京市档案局所保存的碑刻原文及拓本，逐一按原样重刻。1989年3月12日孙中山逝世64周年前夕全部竣工，1991年将全部碑刻镶配玻璃框，加以妥善保护。

21世纪以来，南京孙中山纪念馆不断拓宽对外交流的渠道，扩大对外交流的力度，同更多的海内外孙中山纪念地建立了联系。同时不断适应新时代发展的要求，对馆内陈列进行了现代化改造，进一步发挥国家级爱国主义教育基地的功能，强化在南京市、江苏省乃至全国青少年爱国主义教育中的作用，不断加大文物、史料的征集和研究力度，丰富馆藏，取得了辉煌的成绩。新的时代，孙中山纪念馆在社会各界人士的关心和支持下，将以一个更加现代化的面貌展现在世人面前。

附录：孙中山大事年表

1866年11月12日，诞生于广东省香山县（今中山市）翠亨村。

1875年，入村塾读书。

1879年6月，随母亲赴檀香山。入火奴鲁鲁意奥兰尼书院就读。

1882年7月，毕业于意奥兰尼书院。就读于火奴鲁鲁奥阿厚书院。

1883年7月，返回祖国。11月，入香港拔萃书室。

1884年4月，就读香港中央书院。5月，在翠亨村与卢慕贞结婚。11月，再赴檀香山。

1885年4月，自檀香山回国。

1886年秋，入广州博济医院南华医学堂学医。

1887年9月，转学香港西医书院。

1892年7月，香港西医书院毕业。秋，在澳门镜湖医院行医。12月，在澳门开设中西药局。

1893年，转至广州继续行医。

1894年，至天津，上书李鸿章。11月，在檀香山组建兴中会。

1895年1月，由檀香山返香港。2月，成立香港兴中会。10月，策划广州起义，计划泄露，亡走香港。11月，赴日本，组建兴中会分会。

1896年10月，伦敦蒙难。

1897年7月，孙中山离开英国，取道加拿大前往日本。

1899年10月，兴中会、哥老会及三合会首领在香港成立兴汉会，被推为总会长。

1900年1月，在日本组织国民同盟会。10月，发动惠州起义失败。

1902年12月，抵达西贡，旋赴河内，发动华侨，建立革命组织。

1903年10月，抵檀香山，与保皇派开展斗争。

1904年1月，在檀香山致公堂国安会馆加入洪门，受“洪棍”之职；在檀香山组织中华革命军。8月，《中国问题的真解决》在圣路易斯完稿。

1905年春，在布鲁塞尔、柏林、巴黎成立革命组织。8月，出席中国同盟会正式成立大会，被推为总理。10月，抵达西贡，随赴堤岸，组成同盟会分会，成立广东募债分局，发行债券，筹集经费。

1906年4月，在新加坡成立同盟会分会。8月，抵吉隆坡，设立同盟会分会。

1907年3月，在河内设立指挥粤桂滇三省起义的领导机关。5月，命余既成、陈泳波发动潮州黄冈起义。6月，命邓子瑜等发动惠州七女湖起义。9月，命王和顺发动钦州王光山起义。12月，命黄明堂在广西镇南关起义。

1908年3月，命黄兴起义于钦州。4月，命黄明堂在云南河口起义。秋，与胡汉民、汪精卫等总结起义经验教训，成立同盟会南洋支部。

1909年12月，在纽约成立中国同盟会分会。

1910年1月，成立同盟会芝加哥分会。3月，抵檀香山，改组兴中会组织为同盟会分会。11月，在槟城召开会议，决定发动广州起义。

1911年4月，广州黄花岗起义爆发。10月10日，武昌起义爆发。12月，当选为中华民国临时大总统。

1912年1月1日，由沪赴宁，就任中华民国临时大总统。3月3日，中国同盟会本部于南京召开全体大会，当选为总理。3月11日，公布《中华民国临时约法》。4月1日，正式解除临时大总统职务。8月，出席国民党成立大会，被推为理事长。9月，受任全国铁路督办。

1913年7月，发动二次革命。9月，筹组中华革命党。

1914年7月，中华革命党成立大会召开，就任总理。9月，制定《中华革命党方略》。

1915年10月，与宋庆龄在东京结婚。

1916年5月，在上海发表第二次讨袁宣言。

1917年6月，通告中华革命党海外各支部，筹款讨逆。9月，被国会非常会议推举为中华民国军政府大元帅，接受大总统礼印。11月，致电唐继尧、陆荣廷等，赞同发起西南护法会议。

1918年4月，通过各驻华公使，表示不承认北京政府与各国缔结的一切契约、借款。5月，向非常国会辞大元帅职。

1919年5月，完成《孙文学说》。10月，改组中华革命党为中国国民党。

1920年6月，与唐绍仪、伍廷芳、唐继尧共同宣言，申讨桂系军阀。

1921年5月，就任中华民国政府非常大总统。6月，讨伐广西军阀陆荣廷。7月，出巡广西，筹备北伐。12月，在桂林会见共产国际代表马林。

1922年5月，督师北伐。6月，发表对外宣言，要求列强不要干涉中国内政。7月，讨伐陈炯明。8月，北伐军回师失利，离粤赴沪。9月，在上海召开改进国民党会议。11月，审查国民党改进案。12月，驻广西滇军会合桂军，奉命东讨陈炯明。

1923年1月，发表《中国国民党宣言》，宣布时局主张，及民族、民权、民生政策。召集党务改进会议，宣布党纲及总章，与苏俄代表越飞联名发表《孙文越飞宣言》。2月，自沪抵粤，设大元帅府。10月，发表宣言，申讨曹锟贿选窃位。派胡汉民等组织国民党临时中央执行委员会，准备召集全国代表大会。11月，击退进犯广州之陈炯明。

1924年1月，召开中国国民党第一次全国代表大会。4月，公布《国民政府建国大纲》。6月，陆军军官学校开学，亲致训词。9月，赴韶关督师北伐。10月，组织革命委员会，自任会长。弭平广州商团叛变。11月，发表宣言，主张速开国民会议及废除不平等条约。离粤北上，抵沪，宣布时局主张。12月，抵天津，扶病至北京。

1925年1月，提出否定“善后会议”主张。病势加重，入北京协和医院接受手术。2月，自协和医院移居行辕。3月11日，签字于《遗嘱》，12日上午9时30分逝世于北京。

后 记

2021年是孙中山先生诞辰155周年、辛亥革命爆发110周年，为纪念伟大的民主革命先行者孙中山先生，缅怀他的丰功伟绩，我们特出版此书。

为了能够准确、详实地追述中山先生在各地的革命史绩，我们诚邀海内外20余家孙中山纪念地撰写与之相关的文章。十分欣慰的是，本书的组稿得到了北京中山堂刘国平、孙书文，广州孙中山大元帅府纪念馆庞梓浩、张宇、曾舒慧、陈莹，武汉辛亥革命博物馆梁华平，武汉中山舰博物馆卓娜，台北中山纪念馆林国章，福州中山纪念堂谢雄，日本神户孙中山纪念馆蒋海波等海内外多家纪念地研究人员的大力支持，在此，对他们慷慨赐稿表示衷心的感谢。另外，在本书的编辑过程中，还参考了《世纪之交话中山》《孙中山传奇》《孙中山》《中山伟人》《孙中山传记》《孙中山逸事》《孙中山文史图片考释》《中国近代史话》《中山陵园史话》《南京的建筑》《南京的文物》等众多著作和相关史料，在此对相关作者及研究人员一并表示诚挚的谢意！